weil Le - ben heißt: sich re - gen , weil Le - ben wan-dern heißt. Seit
ıs-ge - zo - - gen in das ge - lob - - - - te Land.
Gott will, dass ihr ein Se - gen für sei - ne Er - de seid. Der
Er selbst kommt uns ent - ge - gen. Die Zu-kunft ist sein Land. Wer
-hin lei - ten, wo er uns will und braucht.
-hen of - fen, Das Land ist hell und weit.

Offene Tore – Weites Land

Andachten für eine Kirche mit Zukunft

Präses Manfred Sorg zum Abschied

Herausgegeben von
Dr. Hans-Detlef Hoffmann

Luther-Verlag 2004

Bibliographische Information der Deutschen Bibliothek

Die Deutsche Bibliothek verzeichnet diese Publikation
in der Deutschen Nationalbibliographie;
detaillierte bibliographische Daten sind
im Internet über http://dnb.ddb.de abrufbar.

ISBN 3-7858-0484-9

Umwelthinweis:
Dieses Buch wurde auf chlorfrei gebleichtem Papier gedruckt.

Umschlaggestaltung: Jesse Konzept & Text GmbH
Satz und Layout: Jesse Konzept & Text GmbH
Bearbeitung: Hans-Christoph Möhler
Druck: Jütte-Messedruck Leipzig GmbH
Bindung: Kunst- und Verlagsbuchbinderei GmbH Leipzig
Printed in Germany

Inhalt

9 Hans-Detlef Hoffmann
Abschied und Dank

12 Hans-Detlef Hoffmann
Vertraut den neuen Wegen

23 Günter Ebbrecht
Eine neue Familie

28 Alfred Buß
Ich wär' so gerne Bileam

32 Udo Bußmann
Altes und Neues

37 Fred Sobiech
Der Kaiser von Amerika
und der Mann aus Nazareth

41 Klaus Majoress
Der Schwebende

48 Friedrich-Wilhelm Feldmann
Verborgene Leidenschaft

51 Ulrich Möller
Zeit für große Steine

56 Klaus-Bernhard Philipps
Mit Flügeln wie Adler

60 Doris Damke
Was nie aus der Mode kommt

66 Günther Barenhoff
Keine Chance für Ingo?

69 Christoph Berthold
Trauer und Hoffnung zusammenhalten

72 Christel Schibilsky
Die Hütte Gottes

78 Annette Kurschus
Mein Geheimnis mit Schwester Lydia

83 Hans-Martin Lübking
Verschwendung als Methode

87 **Bleibend erwählt**

92 Christiane Seibel
Auf Bäume klettern

96 Albert Henz
Im Blick behalten

99 Friedhelm Wixforth
Kinder des Krieges

103 Peter Burkowski
Gottes Herrlichkeit erscheint unten

106 Peter Friedrich
Stadtmusikanten im Reich Gottes

112 Gerd Kerl
Unterwegs

5. Offene Tore

118 Dorothee Franke-Herber
Türöffner Gottes

123 Rolf Krebs
Hundstage

128 Maria Barutzky-Jürgens
Aktive Gelassenheit

132 Karin Moskon-Raschick
Zwischen Staubschutzwänden und Plastikplanen

138 Christof Windhorst
Kunstdünger für Gottes Reich?

143 Wolfgang Riewe
Ergriffen und entflammt

6. Weites Land

148 Klaus-Jürgen Diehl
Zukunftstauglich?

151 Regine Burg
Wo kommen wir da hin

156 Rainer Dinger
Die Ruhe ist das Ziel

160 Lothar Kuschnik
Und führe uns in Versuchung

167 Ernst Walter Voswinkel
Wegweisung

172 Kurzvita des Präses i.R. Manfred Sorg
174 Autorinnen und Autoren
176 Bildnachweis

Manfred Sorg, Präses der Evangelischen Kirche von Westfalen 1996–2004

Hans-Detlef Hoffmann

Abschied und Dank

„Kirche mit Zukunft“ – das Motto für den Reformprozess der Evangelischen Kirche von Westfalen erinnert an Gottes Verheißung, der Zukunft schenkt, und formuliert zugleich den Auftrag an seine Kirche, Botschafter dieser Hoffnung zu sein. In diesem Sinne war *Kirche mit Zukunft* auch das Leitwort, Inhalt und Ziel des Wirkens und des Dienstes von Manfred Sorg in den acht Jahren seines Präsesamtes in Westfalen von 1996 bis 2004. Wenn nun am Ende seiner Amtszeit als Gruß zum Abschied und als Zeichen des Dankes ein Buch mit Andachten und Predigten zu diesem Thema erscheint, verdeutlicht das, wofür er als Präses stand und wofür wir ihm in besonderer Weise zu danken haben.

Von Anfang an ging es bei *Kirche mit Zukunft* nicht nur um Reaktion auf Finanzzwänge und demografische Entwicklungen, nicht in erster Linie um Einsparungen, Kürzungen oder notwendige Strukturanpassungen. Kirchenreform – das war für Präses Manfred Sorg ein geistliches Thema: Theologische Fragen waren zu klären, ein biblisch begründetes und reflektiertes *Kirchenbild* sollte entfaltet werden als Ausgangs- und Orientierungspunkt für alle Veränderungen, ob sie nun den *Dienst der Mitarbeitenden* in der Kirche, das *Pfarrbild* oder die *Leitungsstrukturen* in der Kirche betrafen. So hat die letzte Landessynode unter Leitung von Präses Sorg sich dieser Aufgabe gestellt und in theologischen Leitsätzen das Selbstverständnis der Westfälischen Kirche formuliert.

Jede Kirchenreform bedarf der geistlichen Orientierung aus Predigt und Verkündigung. Ohne Mut machende Impulse und das kritische Korrektiv aus der Heiligen Schrift, ohne Vergewisserung unserer Herkunft aus Bekenntnis, Geschichte und Tradition droht der Prozess der Reform zum kirchenpolitischen Programm zu verkommen. Für *Kirche mit Zukunft* stehen nicht in erster Linie Programme und Zielvereinbarungen; auch die Menschen, die sich für ihre Kirche engagieren, garantieren nicht den Erfolg der Reform. *Kirche mit Zukunft* ist am Ende allein Gottes Sache, verdankt sich seiner Verheißung und der Wirkung seines Geistes. Von dieser Zielperspektive her die Wege zu klären, *auf die der Herr uns weist* – das versuchen die Predigten und Andachtstexte, die in diesem Buch gesammelt sind.

Dass dabei ein *Lied* den roten Faden für diese Sammlung bildet, ist kein Zufall: Klaus Peter Hertzschs *Vertraut den neuen Wegen* (EG 395) war von Anfang an das Lied von Präses Manfred Sorg: Vom Einführungsgottesdienst 1996 mit seiner Predigt über Abrahams Auszug in das Land der Verheißung spannte sich ein Bogen über viele Synoden, Gottesdienste und Ansprachen, in denen er dies Lied immer wieder als Hoffnungstext für eine Kirche mit Zukunft ausgelegt hat. Darauf antworten nun die geistlichen Impulse dieses Bandes, in denen die Leitworte aus den drei Strophen aufgenommen und aktuell bedacht werden.

So sagt die Evangelische Kirche von Westfalen mit diesem Andachtsbuch ihrem Präses Dank für seinen Dienst der geistlichen Leitung: Sie erbittet für ihn und für unsere ganze Kirche Gottes Geleit und Segen in dem Vertrauen, das die Landessynode 2003 am Schluss ihrer Erklärung zum Ausdruck gebracht hat: *„Wir vertrauen darauf, dass Gott uns mit seinem Segen auf unserem Weg in die Zukunft begleitet und unsere Kirche durch seinen Geist belebt und erneuert."*

Bielefeld, im Januar 2004 *Hans-Detlef Hoffmann*

1. Neue Wege

Wanderschaft

wagen

loslassen

Aufbruch

unterwegs

in die Zeit

Zuversicht

Wege

Hans-Detlef Hoffmann

Vertraut den neuen Wegen

(EG 395 und Offenbarung des Johannes 21,10–25)

Und der Engel führte mich hin im Geist auf einen großen und hohen Berg und zeigte mir die heilige Stadt Jerusalem herniederkommen aus dem Himmel von Gott, die hatte die Herrlichkeit Gottes; ihr Licht war gleich dem alleredelsten Stein, einem Jaspis, klar wie Kristall. Sie hatte eine große und hohe Mauer und hatte zwölf Tore … Und ich sah keinen Tempel in der Stadt; denn der Herr, der allmächtige Gott, ist ihr Tempel, er und das Lamm. Und die Stadt bedarf keiner Sonne noch des Mondes, dass sie ihr scheinen; denn die Herrlichkeit Gottes erleuchtet sie, und ihre Leuchte ist das Lamm … Und ihre Tore werden nicht verschlossen am Tage; denn da wird keine Nacht sein. (Offenbarung 21,10–12.22–23.25)

Was für eine großartige Vision von Kirche – von einer *Kirche mit Zukunft:* das neue Jerusalem, die Stadt Gottes! Sie kommt vom Himmel, steigt herab aus Gottes ewiger Welt, um hier auf Erden mitten in dieser Welt Wohnung zu nehmen und

Mit der Taufe beginnt ein neuer Lebensweg – Taufstein der St. Georgskirche in Dortmund-Aplerbeck

mitten unter uns gegenwärtig zu sein. Eine lichte, helle Stadt, in der es keine Dunkelheit mehr gibt, *kein Leid, kein Geschrei, kein Schmerz und kein Tod wird mehr darin sein!* Eine Stadt ohne Tempel, weil Christus, das Lamm, ihr Tempel ist. Vor allem aber: eine Stadt ohne bewachte Grenzen und verschlossene Mauern, eine Stadt, die sich weit öffnet ins Land: eine einladende, weltoffene Stadt, denn ihre Tore stehen offen und werden niemals mehr verschlossen sein!

Unter den mancherlei Bildern der Bibel, die für Kirche stehen und die unser Nachdenken über *Kirche mit Zukunft* inspirieren können, spielt diese Vision vom neuen Jerusalem seltsamerweise kaum jemals eine Rolle. Ich kenne nur einen Text, der dieses Bild bemüht, ja in ihm gleichsam gipfelt: nein, keine theologische Abhandlung und kein ekklesiologischer Entwurf, vielmehr „nur" ein Gedicht, ein Lied. Und doch, ist es nicht *das* Lied zum Thema, für eine *Kirche mit Zukunft?*

> *Vertraut den neuen Wegen,*
> *auf die der Herr uns weist,*
> *weil Leben heißt: sich regen,*
> *weil Leben wandern heißt.*
> *Seit leuchtend Gottes Bogen*
> *am hohen Himmel stand,*
> *sind Menschen ausgezogen*
> *in das gelobte Land.*

Klaus Peter Hertzsch hat diesen Text geschrieben. Als Studentenpfarrer und Professor für praktische Theologie in Jena hat Hertzsch immer wieder die biblische Botschaft auf ungewöhnliche Weise weiterzusagen versucht – auch in Liedern oder in Balladen zur Bibel.

Entstanden ist das Lied im August 1989 – nicht für das Gesangbuch, sondern für einen Traugottesdienst. Ein fröhliches Lied sollte es sein, ein hoffnungsvolles und zukunftsfrohes Lied, leicht zu singen auf eine bekannte Melodie: *Du meine Seele singe* – das passte zu einer Hochzeit als Ausdruck von Lob und Dank. Warum wir das Lied heute anders singen, davon wird noch die Rede sein. So klingt es auf die ursprüngliche Melodie als Lob- und Preislied zur Trauung:

Vom Lebensweg des Menschen zwischen Geburt und Tod ist die Rede, vom menschlichen Miteinander in Ehe, Familie, Gesellschaft, vom Weg der Kirche wohl auch. Leben heißt: sich regen, heißt Bewegung – in den Kategorien des Raumes gesprochen: Unterwegssein und Wandern.

Das Weg-Motiv ist prägend für das ganze Lied – und in der Tat gibt es wohl kein schöneres, treffenderes Bild für menschliches Leben als diese bildhafte Beschreibung unseres Lebens als Lebensweg, als Weg durch die Zeit, verdichtet noch im Bild des rüstigen Ausschreitens, des Wanderns. Ja, Leben heißt wandern, heißt Veränderung, heißt Aufbruch und Ankommen, heißt Mühsal und steinige Strecken, aber auch immer das Glück, ein Ziel erreicht zu haben, ein Zwischenziel gewiss nur, und doch voll dankbarem Hochgefühl wie bei der Hochzeit. Wandern, Unterwegssein – das Bild für das menschliche Leben schlechthin ist nun in diesem Lied von Anfang an auch ein Bild für die Kirche und ihren Weg.

Das hat sich Hertzsch nicht ausgedacht, das ist zentrales Zeugnis der Bibel beider Testamente. Das alte Israel war ein wanderndes Volk, und die Kirche Jesu Christi ist nach dem Hebräerbrief das wandernde Gottesvolk. Im Alten Bund galt das Unterwegssein für

Gott leitet den Menschen von Anfang an – Taufstein in der Petri-Kirche Dortmund

viele Einzelne wie Abraham, den ersten Wanderer, der seine Heimat verließ, um der großen Verheißung Gottes zu folgen. Wanderschaft kennzeichnete auch die Gemeinschaft des Volkes, das oft unter Qualen und Murren unterwegs war, Entbehrungen erleiden musste in der Wüste oder in schweren Erfahrungen das Gericht Gottes in seiner Geschichte.

All diese biblischen Erfahrungen werden hier gleich in der ersten Strophe erinnernd aufgerufen: So wie Abraham einst auszog auf Hoffnung und im Vertrauen allein auf Gottes Verheißung in das gelobte Land, so gilt auch uns die ermutigende Aufforderung zum Vertrauen: *Vertraut den neuen,* den noch unbekannten *Wegen!* Solches Vertrauen wird möglich allein durch die den biblischen Verheißungen entnommene Gewissheit, dass wir nicht allein sind selbst auf wüsten Straßen, sondern dass da einer ist, der mitgeht: Gott selbst, der mit dem Volk, mit jedem Einzelnen wandert durch die Zeit.

Übervoll ist dieses Lied von biblischen Anklängen und Bezügen: Die *Wege, auf die der Herr uns weist*, sind die Wege, von denen viele Psalmen wie Psalm 25,4 sprechen: *Herr, zeige mir deine Wege und lehre mich deine Steige!* Dabei erinnert unser Lied an die verlässlichen Zeichen auf dem Weg, die solches Mitsein Gottes immer neu bezeugen. Unser Lied erinnert an das große Verheißungszeichen des Bundes und der Treue Gottes, an den Regenbogen aus der Noahflutgeschichte.

Diesen weit ausgreifenden Schwung des Regenbogens, der am Himmel aufscheint und die Erde überwölbt, bildet die ursprüngliche Melodie mit ihrer weit aufsteigenden Dreiklangsfolge in vollkommener Weise ab, den hymnischen Jubel über die Wunder Gottes und den Ausdruck des Dankes dafür.

Und doch sollte diese Melodie, die jedenfalls zu hochzeitlichem Anlass so passend erscheint, nicht die letzte sein für dieses Lied. Wer vom *Weg* redet, vom biblischen Weg-Motiv als Bild für menschliches Leben und den Auftrag von der Kirche, der kommt nicht umhin, an das andere, ältere Wegelied zu denken – Paul Gerhardts „Befiehl du deine Wege". Und in der Tat – auch diese Melodie verträgt sich mit unserm Text, scheint ihm wie angemessen:

Herber, strenger und ernster tönt diese Melodie – passend besonders zu dieser zweiten Strophe, die erneut voller biblischer Bilder steckt. Jetzt wird das Wandern als Schreiten im Raum zum

Wandern in der Zeit. Christen und Kirche leben nicht im zeitlosen Raum, sondern in geschichtlicher Stunde und an historischem Ort. Da ist die Vergangenheit, aus der wir kommen: all das, was uns geschenkt und anvertraut ist – an ihr dürfen wir uns orientieren. Aber ebenso ist da auch die Gegenwart, in der wir leben, in der wir Verantwortung wahrnehmen sollen und Zeugnis geben für unsern Glauben. Und schließlich geht es auch um die dritte Dimension der Zeit, um die Zukunft, auf die wir zugehen und zu der wir einladen.

Wandern sollen wir nicht nur *in der Zeit*, sondern vielmehr *in die Zeit* – das meint auch: Kauft die Zeit aus, die Zeit eures Lebens, nehmt sie ernst, die Zeit, in die ihr gestellt seid, die konkreten Menschen, zu denen ihr gesandt seid. Christen sind Zeitgenossen; sie leben nicht im Überzeitlich-Ewigen und Immer-Gleichen, sondern zu geschichtlicher Stunde im Hier und Jetzt: Verantwortung ist angesagt und Zeitzeugenschaft. In solch wacher, kritischer Haltung zur eigenen Zeit gibt es den einen Auftrag für diese Kirche und für die Christen auf ihrer Wanderschaft in die Zeit: Gott *will, dass ihr ein Segen für seine Erde seid!* Ein Segen sollen wir sein.

Das Motto des ökumenischen Kirchentages in Berlin war ein biblisches Motto. Es zitierte die große Verheißung an Abraham aus 1. Mose 12: *In dir sollen gesegnet sein alle Geschlechter der Erde*. Was Gott dem Abraham verheißen, darf auch uns, darf der Kirche und den Christen gelten: ein Segen zu sein für Welt und Zeit. Segen ist kein Besitz, kein Zustand, sondern ein Auftrag. Aus der Gabe wird eine Aufgabe. Der Segen soll sich auswirken auf Gottes Erde: *Gott will, dass ihr ein Segen für seine Erde seid!*

Seine Erde steht da! Damit geht die Wirkung des Segens sogar weit über den nur menschlichen Bereich hinaus. Keine Frage, dass hier auch Verantwortung für Gottes Schöpfung angesprochen ist – wie es die Schöpfungsberichte auf den ersten Seiten der Bibel aussagen: Die Erde ist uns anvertraut zum Bebauen und Bewahren! So ist das Lied vollgesogen mit biblischen Bildern beider Testamente vom ersten bis zum letzten Buch.

Denn das ist unser Leben: Atem aus Gott! Eingehaucht vom Schöpfer in frühen Zeiten – am Anfang unseres Lebens ebenso wie am Anfang der Schöpfung, als Gott den Menschen schuf und ihm seinen lebendigen Odem einblies. Das Bild vom Leben als *eingehauchtem Gottesatem* stammt aus dem Schöpfungsbericht 1. Mose 2,7 und weist uns erneut auf unsere Verantwortung und unsern Auftrag, das Wozu unseres Lebens hin: *Gott gab uns Atem, damit wir leben, er gab uns Augen, dass wir uns sehn* – den anderen, die Welt! Gott will uns und seine Kirche da haben, *wo er uns will und braucht.*

Den Ort bestimmt er selbst: Unser Leben weist uns ein an diesen Ort – doch auch dieser Ort der Bewährung für Christen und die Kirche ist nicht Bedrohung, Verlassenheit und Finsternis: Nein, Gott ist es, *der uns dahin leitet, wo er uns will und braucht.* Welche Verheißung steht also auch hinter unserm Auftrag und dem Weg seiner Kirche! Die strenge Melodie des Paul Gerhardt-Liedes, fest mit dem Wege-Motiv verbunden, entspricht diesem Ernst, dieser Mahnung, dieser Beauftragung in der zweiten Strophe. Es geht eben nicht nur um ein fröhliches Hoffnungslied, nicht nur um jubelnden Dank, es geht auch um Sendung, um Weisung und Gebot, es geht um unsere Beauftragung!

Durchgesetzt hat sich freilich am Ende eine andere Melodie. Und das hat nun wiederum etwas mit der Geschichte dieses Liedes zu tun. Im Sommer des Wendejahres 1989 entstanden, nahm dieses Lied seinen Weg von einer Hochzeit zum Lied der Christen in der gewaltlosen Revolution und der Wende in der DDR und dann auch im Westen. Die Aufbruchsstimmung dieser Zeit, die Ängste und die Hoffnungen – sie alle fanden ihren Widerhall in den Versen dieses Liedes. Die Trauungsgäste des August 1989 nahmen das Lied mit auf ihren Zetteln – ohne Melodie und Noten. Sie trugen es weiter und sangen es in ihren Gemeinden – nach jeweils eigenen Melodieunterlegungen – da sind noch viele andere möglich.

So machte das Lied seinen Weg zuerst durch die Kirchen im Osten. Was von Anfang an angelegt war in ihm, dass es über das individuelle Menschenschicksal hinauswies auf das Ganze von Kirche und Welt, das bewährte sich nun in den Tagen der Wende und in der besonderen Rolle der Christen und der Gemeinde in der gewaltlosen Revolution.

So gelangte am Ende dies Lied auch vor die Gesangbuchkommission, die in jenen Tagen in der Schlussredaktion des EG tagte – und sie entschied buchstäblich in letzter Minute, dies Lied von 1989 noch aufzunehmen – wegen seiner großen, ja überragenden biblischen und theologischen Qualität und seinem konsequenten Bezug auf die Zeit.

Hinsichtlich der Melodie jedoch entschied man sich für eine andere Weise als die bislang überlieferten, für die Weise *Lobt Gott getrost mit Singen*, ein ekklesiologisches Hauptlied unseres Gesangbuches zum Thema Kirche, und hat damit, so denke ich, einen Volltreffer gelandet. Warum, das wollen wir uns fragen, wenn wir nun die dritte Strophe nach dieser mittlerweile abprobierten Melodie singen.

Welch ein hymnischer, begeisternder Schwung kennzeichnet doch diese weit ausschwingende Melodie: dieser endlose Bogen am Schluss, der Bogen, der viele Noten wie bei einer Koloratur auf dem Text verteilt. Aller Nachdruck liegt bei dieser Melodie auf dem Schluss. Zu Recht?

In dieser Strophe wird nun endgültig die Wandergeschichte zur Sendungsgeschichte. Nicht wir suchen neue Wege für eine Kirche mit Zukunft – Gott sendet uns auf sie! Das Land, in das wir wandern, ist nicht dunkel und unbekannt, nicht bedrohlich und ängstlich: Es ist

Auf dem Weg durch die Zeit, getragen von Gottes Zuspruch – Taufstein in der Evangelischen Kirche Voerde

das Gottes-Land. Die Zukunft ist sein Land! Was für eine ungeheuerliche These: Alle Zukunft, was immer kommen mag – sie ist *sein* Land. Nichts kann uns seiner Begegnung entreißen. So wird in dieser letzten Strophe die Beziehung zwischen Gott und Mensch regelrecht adventlich beschrieben: Menschen sind unterwegs – Gott kommt ihnen entgegen. Menschen brechen auf und wandern, sie suchen: Glück, Hoffnung.

Doch von sich aus würde unser Suchen und all unser Bemühen auch als Kirche um Gelingen, um Befreiung nie zum Ziel führen. Nur darum hat diese Reise Hoffnung, weil Gott in seinem grundlosen Erbarmen unserer Wanderschaft und Suchbewegung entgegenkommt: Den fast schon Verlorenen eilt er entgegen so wie der Vater dem verlorenen Sohn, der es nicht wagen könnte, vor des Vaters Angesicht zu treten.

Gott kommt uns entgegen – das ist das entscheidende biblische Bild der Zukunft von Kirche, darum kann die Kirche *Kirche mit Zukunft* sein. Aber dass unser Weg an ein Ziel kommt, ist Gottes Gnade, seine vergebende, entgegenkommende Liebe allein.

Wir erwarten die Zukunft – oft genug mutlos, manchmal gespannt. Wir planen Zukunft und meinen, sie machen zu können. Oder wir nehmen Zukunft schicksalhaft ergeben hin. Diesen Grundtypen menschlichen Verhaltens im Blick auf die Zukunft, die allesamt zuletzt zum Scheitern verurteilt sind, begegnet Gott mit seiner entgegenkommenden Liebe.

Es ist Gottes Reich, das uns erwartet – seine Stadt, deren Tore offen stehen und die ihre Türen weit aufgetan hat. Von der Schöpfung bis zur Vollendung, vom ersten Kapitel der Bibel bis zu ihrem letzten spannt sich der Bogen dieses Liedes. Am Ende steht die Vision des Johannes von der himmlischen Stadt, die auf Erden ihren Ort genommen hat: und deren *Tore stehen offen – das Land ist hell und weit.*

Darum der hymnisch melodische Schwung am Schluss auf diesen Text aus der Offenbarung. Darum diese pfingstliche Weise, die Melodie auch des Liedes *O komm, du Geist der Wahrheit*. In der Bitte um den Geist kulminiert dieses Lied.

Die Tore stehen offen – das Land ist hell und weit. Die Bilder der Apokalypse, die Verheißung einer Welt ohne Geschrei und Schmerz, sind darum nicht eitle Jenseitsträumerei, sondern beschreiben Realität, weil Gott dafür einsteht: der Gott, dessen Land die Zukunft ist und der uns entgegenkommt mit der Stadt aus dem Himmel, in der wir geborgen leben dürfen, mit weit geöffneten Türen gewiesen in ein weites und helles Land.

So nimmt die dritte, eschatologische Strophe nichts zurück, wovon die zweite Strophe sprach: von Gottes Sendung in die Welt, von Gebot und Auftrag für die Welt da, wo Gott uns will und braucht. Die Stadt Gottes, die keinen Tempel braucht und keine geschlossenen Tore, mag in Sichtbarkeit noch ausstehen; und doch ist sie schon Realität hier und jetzt: Wirklichkeit im Anbruch. Das Heil vermittelt sich nicht durch Priester und durch Menschenwerk, in Christus ist es geschenkte Gegenwart.

Und des zum Zeichen sind da auch keine geschlossenen Tore und keine Furcht mehr vor dem Dunkel und der Nacht, weil das Christuslicht schon jetzt leuchtet und gilt, was die weit gespannte Melodie am Ende jubelnd besingt: Ja, *das Land ist hell und weit.*

Günter Ebbrecht

Eine neue Familie

(Markus 10,28–30)

In der Arbeitsgruppe zum „Kirchenbild“ im Rahmen des Reformprozesses „Kirche mit Zukunft“ wurde angeregt, biblische Kirchen-Bilder zu nennen. Einige sind uns geläufig, andere weniger. Klaus Berger hat in dem Buch „Kann man auch ohne Kirche glauben?“ 34 Bilder der Kirche entfaltet.

Darunter das Bild vom Schiff und vom Volk Gottes, vom Haus der Weisheit und vom Leib Christi, von der Braut und der Stadt Gottes, vom Tempel und Weinberg, auch von der Familie Gottes. Das Bild von der „Familie Gottes“ bereitet uns Mühe, zumal es nicht als ein geprägter Begriff in der Bibel vorkommt. Zudem scheint es patriarchale Verhältnisse zu verlängern und Macht eher zu verschleiern als davon zu befreien.

Trotzdem. Wo und wie kommt das Bild im Neuen Testament vor? Es wird erzählt. Wahrscheinlich hat schon der historische Jesus seine Jünger- und Anhängerschaft mit einer Familie verglichen. Erinnern wir uns an die Geschichte vom sog. reichen Jüngling (Markus 10, 17–31/Lukas 18,18–30/Matthäus 19,16–30).

Der reiche Mann will wissen, was er tun muss, um das ewige Leben zu erhalten. Die Antwort Jesu besteht in der Aufzählung der Weisungen der Tora. Die Rückantwort: „Das alles habe ich getan von Jugend an.“ Die Erwiderung: „Eines fehlt dir. Verkaufe alles, was du besitzt, und gib es den Armen. Dann komm und folge mir nach.“ Die Reaktion: Der reiche Mann wendet sich ab und zieht sich in sich zurück. Der Kommentar: „Denn er war sehr reich!“

Es entspinnt sich ein Gespräch der Jünger mit Jesus, nachdem dieser verallgemeinernd zu ihnen sagte: „Wie schwer ist es doch für die Besitzenden ins Gottesreich zu gelangen! Es ist leichter für ein Kamel durch die enge Pforte, Nadelöhr genannt, zu gelangen, als für einen Reichen ins Reich Gottes!“ Das ruft Entsetzen unter den Jüngern hervor. Das klingt nach Askese. Das riecht nach Verzicht.

Petrus erwidert: „Sieh uns an, Jesus. Wir haben unser Eigentum verlassen und sind dir nachgefolgt.“ Der Unterton seiner Rede: „Und was haben wir davon?“ Jesus antwortet darauf mit einem Vergleich, der nicht Verzicht hervorhebt, sondern den neuen Beziehungsreichtum preist:

Amen, ich sage euch: Es gibt niemanden, der verlassen hat Haus, Brüder, Schwestern, Mutter, Vater, Kinder und Äcker um meinetwillen und um des Evangeliums willen, der (dafür) nicht Hundertfaches erhielt. (Schon) jetzt in dieser Zeit: Häuser, Brüder, Schwestern, Mütter, Kinder und Äcker – wenngleich unter Verfolgungen. Im kommenden Äon aber das ewige Leben.
(Markus 10,29–30)

Nachfolge Jesu führt nicht in Einsamkeit, Schutzlosigkeit und Unbehaustheit. Sie eröffnet neue Gemeinschaft, Geborgenheit und menschliche Heimat. Jesus bestätigt: „Jawohl, eure Brüder und Schwestern, den Clan und die Sippe, die Schutz und Schirm bieten, habt ihr verlassen. Jawohl, Vater und Mutter, die heilige, in der Schrift bekräftigte Ordnung der patriarchalen Familie habt ihr aufgegeben. Jawohl, auf Kinder, auf Stolz, Segen und soziale Sicherheit habt ihr verzichtet. Jawohl, die Äcker – den Anteil eines frommen Israeliten am heiligen Land – habt ihr aufgegeben." Das alles relativiert Jesus. Es verblasst. Es wird unwichtig.

Doch folgt daraus nicht nichts. Hundertfach werden die Nachfolgenden wiederbekommen. Die mit Jesus gehen, haben neue Brüder

Gottes neue Familie – Mareike (VEM) mit Jugendlichen eines Straßenkinder-Projekts beim Gesichterschminken in Ruanda

und Schwestern gefunden. Die ihr Elternhaus verlassen haben, finden überall im Land gastfreundliche Mütter. Die ihre Kinder zurückließen, finden Menschen, die sie bisher nicht gekannt haben.

Neue Solidarität, eine andere Geschwisterlichkeit entsteht im Geben und Nehmen, wie es die Geschichten von der wundersamen Speisung der vielen erzählen, wie es die Mahlzeiten und Feste Jesu vor Augen malen, wie es das Abendmahl mit der integrierten Agapemahlzeit wiederholend erinnert.

Was begründet die neue Familie? Im Markusevangelium wird erzählt, wie Jesus in einem Haus – Stätte seiner Verkündigung und der Gemeinde – umringt wird von Menschen, die ihm zuhören. Aus seiner Heimatstadt kommen seine leibliche Mutter und seine Brüder, um den Abtrünnigen in das Vaterhaus heimzuholen. Jesus wird per Flüsterpropaganda zugetragen: „Deine Mutter und deine Brüder sind da. Sie suchen dich."

Die Reaktion Jesu bekräftigt, was nach der Privatisierung des reichen Mannes als kommunitärer Reichtum den Jüngern erschlossen wurde: „Wer ist meine Mutter, und wer sind meine Brüder?" Er

Kirche über Grenzen hinweg – Herzliche Begrüßung zwischen einem Häuptling von Pini und Klaus Reuter (VEM), West Papua

blickt auf die Menschen ringsum. „Das hier ist meine Mutter, und das sind meine Brüder! Denn wer den Willen Gottes tut, der ist mir Bruder, Schwester und Mutter." Nicht die Blutsverwandten haben das Prae oder sind ein Plus. Nein, jene, die seiner Vision folgen, die seinem Gott vertrauen und von Gottes guter Herrschaft alles erwarten. Sie sind die neue Familie Gottes.

Was zeichnet die neue Familie aus? Der schon bedachte Text Markus 10,29 f., der sich in Markus 3,33–35 spiegelt, hat eine leicht überlesene Pointe. Lesen wir aufmerksam die Reihung: „Niemand verlässt Haus, Brüder, Schwestern, Mutter, Vater, Kinder oder Äcker um meinetwillen, der dafür nicht das Hundertfache zurückerhält – und zwar schon jetzt. Häuser, Brüder, Schwestern, Mütter, Kinder und Äcker."

Zu dem, was die Jüngerinnen und Jünger zurücklassen, gehören auch die Väter. In dem, was sie als neuen Reichtum der Beziehungen zurückerhalten, fehlen die Väter. Ist das nur ein Versehen, eine Nachlässigkeit? Wohl kaum. In Matthäus 23,1–36 findet sich die Auflösung: „Auch sollt ihr keinen auf Erden euren Vater nennen, denn nur einer ist euer Vater: der im Himmel" (Matthäus 23,9 f.).

Die neue Familie Jesu ist vaterlos, wenn es um die irdischen Patriarchen geht. Sie ist väterlich, wenn es um Gott geht. Ihn können und dürfen die Mitglieder der neuen Familie „Abba", lieber Vater, nennen. Durch Jesu Einladung und ihren Eintritt in die neue Familie haben die Jüngerinnen und Jünger ein neues Verhältnis zu Gott bekommen. Gott ist ihr Vater geworden. „Abba", Väterchen, darf er angesprochen werden. Den, dessen Name fromme Juden nicht nennen, weil er groß und heilig ist, dürfen wir in Jesu Namen kindlich vertrauensvoll „Väterchen" – warum nicht auch „Mütterchen" – ansprechen.

Jesus eröffnet seiner Kirche einen neuen Zugang zu Gott, den er nicht nur exklusiv „mein Vater", sondern uns einbeziehend „euer Vater" nennt. Im Verlassen unserer Herkunftsfamilien, in der Relativierung unserer Herkünfte finden wir paradoxerweise Gott, unseren Vater, und durch ihn eine neue Familie.

Drei Hinweise aus der Bergpredigt helfen uns zu erkennen, was uns, die Kirche kennzeichnet:

Es ist die Nächstenliebe, deren Ernstfall die Feindesliebe ist. „Ihr habt gehört, dass geboten ist: Du sollst deinen Nächsten lieben und deinen Feind hassen. Ich aber sage euch: Liebt eure Feinde und betet für eure Verfolger, so werdet ihr zu Söhnen – und Töchtern – eures Vaters im Himmel. Denn Gott lässt seine Sonne über Böse wie Gute aufgehen und lässt regnen über Gerechte wie Ungerechte" (Matthäus 5,43 f.). Die neue Familie Gottes ist generös.

Es ist ein Leben in Freiheit vom Sorgen und mit der Sehnsucht nach Gottes Reich und Gerechtigkeit.

„Macht euch deshalb keine Sorgen und sagt nicht: Was sollen wir essen, was sollen wir trinken, womit sollen wir uns bekleiden? Um das alles sorgen sich die Heiden. Euer Vater weiß doch, dass ihr dies alles braucht. Suchet zuerst sein Reich und seine Gerechtigkeit, dann wird euch das andere hinzugegeben werden" (Matthäus 6, 31–33). Die neue Familie Gottes lebt in heiterer Gelassenheit und aus der Hoffnung auf eine Zukunft in Solidarität und Gerechtigkeit.

Es ist das Gebet, das uns eint und durchdringt: „Vater unser im Himmel …" (Matthäus 6,9 ff.). Die neue Familie Gottes lebt aus dem Beten und im Tun des Gerechten (D. Bonhoeffer). Das Vaterunser verbindet die neue Familie weltweit und leitet sie an, das im Gebet Gepriesene und Erbetene im alltäglichen Tun zu zeigen:

Wer sich auf Jesu Nachfolge einlässt, seine Blutsverwandtschaften zu relativieren bereit ist, und dabei neue Geschwister wahrnimmt, erlebt Wunder. Es ist spannend, zur neuen Familie Gottes gehören zu dürfen. Es richtet uns auf, wenn wir einander glaubwürdig und herzlich „Bruder" und „Schwester" sagen. Es entlastet mich, wenn ich mit meinen Geschwistern in Gott Gott vertrauensvoll anreden kann „Abba", „Unser Vater im Himmel".

Alfred Buß

Ich wär' so gerne Bileam

(4. Mose 22–24)

Jeder vierte Jugendliche weiß nicht, warum wir Weihnachten feiern. Bei Ostern und Pfingsten sollten wir gar nicht erst nachfragen. Kirchenbänke sind oft leer. Mitgliederzahlen sinken. So steht's um unsere Kirche. Das klingt nicht gerade mitreißend!

Und doch suchen Menschen heute nach Religion. Sie suchen Stellen, an denen das Unerklärliche aufscheint, mag es aus dem Himmel oder aus der Hölle kommen. Sie suchen das zweite Gesicht: Es muss doch ein Geheimnis der Welt und der Dinge geben!

Gesucht wird Geheimnisvolles, wenn alles um einen herum seine langweilige rationale Erklärung und seine von Geheimnissen leere Vernunft hat. Mit der Entzauberung des Lebens hat sich eine gähnende Normalität eingenistet. Das Wirklichkeitsverständnis gleicht der eines *schläfrigen älteren Mannes nach dem Mittagessen* (Peter L. Berger). Ein Gähnen breitet sich aus in Gesellschaft, Staat und Kirche.

In diese schläfrige Müdigkeit hinein kehrt eine archaische Religiosität zurück, die keine Scheu kennt vor Astrologie, Okkultismus, Spiritismus und Magie. Die Erfahrungsarmut des Alltags macht empfänglich für das Übersinnliche, Geheimnisvolle und Irrationale.

Da wird es reizvoll, eine Figur – auch aus archaischer Zeit – wieder wachzurufen: den Seher Bileam. Er weiß zu segnen in gigantischer Inszenierung mit bis zu sieben Altären. Wer segnen kann, der hat die Gabe, Menschen Bedeutung zu geben und Gewicht, ihr Gesicht in Szene zu setzen und sie aufzuwerten.

Bileam kann aber auch verfluchen; er kann Menschen ihre Bedeutung und ihren Einfluss nehmen, sie klein und leicht machen, sie gering schätzen, ihren Namen, ihr Selbstwertgefühl oder sie selbst in Luft auflösen … Wer segnen und verfluchen kann, der bestimmt auch, wer dazugehört und wer nicht, wer *in* ist und wer *out*. Bileam versteht es, mit Göttern umzugehen, Göttern aller Art. Er weiß Astrologie, Psychologie, Religion, Nützlichkeitsdenken und Charisma zu einer potenten Mixtur aufzubereiten und diese publikumswirksam zu inszenieren. Ein berühmter, hoch bezahlter, viel gefragter, international tätiger Mann. Er sollte Seminare halten, Bestseller schreiben, als Talkmaster wirken, Großkonzerne beraten und auch

Gemeinsam nach Gott fragen – Vater-Kind-Seminar der Ev. Männerarbeit

Regierungen; diskret, versteht sich. Sein Firmenschild: *Agentur Bileam – Segnungen und Verfluchungen aller Art!*

Hätte unsere Kirche nicht auch gern solch ein Firmenschild? Wie anders ist die ständig in kirchlichen Kreisen zu hörende Klage über den schwindenden Einfluss der Kirche in Staat und Gesellschaft zu verstehen? Trotz Religionsunterrichts, des Status einer Körperschaft öffentlichen Rechts, des Kirchensteuerwesens, aller Möglichkeiten öffentlicher Präsenz erhebt sich immer wieder diese Klage. Was wird damit angestrebt – doch wohl nicht die Rückkehr zur geistlichen Schulaufsicht?

Um Missverständnissen zu wehren: Die Volkskirche mit ihrer Öffentlichkeit bietet einen angemessenen Rahmen, *die Botschaft von der freien Gnade Gottes auszurichten an alles Volk* (Barmen 6). *Aber die Gefahr ist, dass wir an der Heutigkeit ersticken; dass wir sagen, was die anderen sagen und denken. Die Gefahr ist, dass die Kirche ihre Fremdheit und ihre gegenwartskritische Kraft verliert. Die Gefahr ist, dass die Kirche sich selbst geläufig wird und dass sie die blinde Geläufigkeit einer Gesellschaft nicht unterbricht* (F. Steffensky).

Gott in bunten Farben erleben – Vater-Kind-Fest in Iserlohn

Die *blinde Geläufigkeit*: Der große Seher Bileam sieht das nahe Liegende nicht! Der Seher hat seine Vision, seine Idee im Kopf, seine geschliffenen Vokabeln, – im heutigen Jargon – seine *Philosophie.*

Doch welche Ironie: Die Eselin des Sehers sieht mehr als der große Seher! Dem Seher sind die Augen gehalten, vor lauter Inszenierung sieht er die Gefahr nicht mehr! Nur der Eselin, der unmündigen Kreatur, ist unverstelltes Sehen möglich. Sie sieht den Engel mit dem Schwert an der Wegscheide von Tod und Leben.

Bileam schlägt auf sie ein, schreit sie an: „Du Esel!" Er wird nicht der Erste und auch nicht der Letzte gewesen sein, den die eigenen Verwünschungen einholen, wenn der Perspektivwechsel sich endlich vollzieht und die Augen klar sehen … „Du Esel!"

Was sagt uns das im Blick auf eine *Kirche mit Zukunft*?

Zunächst Nüchternes: Nicht alles Störrische, das sich in den Weg stellt, hat darum schon die richtige Vision. Dann aber Grundsätzliches: Der Perspektivwechsel bleibt immer aufgegeben. Weder die herrschenden Selbstverständlichkeiten in der Kirche noch die herrschenden Strömungen unserer Zeit können der richtige Maßstab sein. Gottes Wort ist ein fremdes Wort, unzeitgemäß, gegenwartskritisch und so oftmals widerständig und störrisch …

Wenn die unmündige Kreatur etwa anfängt, zu uns zu sprechen, wenn ihr Seufzen unüberhörbar wird, dann spätestens sollten wir merken, dass mit unserer Wahrnehmung und unserer Perspektive auf das Leben etwas nicht stimmt. *Ich preise dich, Vater, Herr des Himmels und der Erde, weil du dies den Weisen und Klugen verborgen hast und hast es den Unmündigen offenbart* (Matthäus 11,25).

Und schließlich Göttliches: Gott selber steht im Weg! Und sieht uns an. Wir sehen nicht aus eigener Kraft; wir sehen, weil wir angesehen werden. Auch im Widerständigen meint Gott es gut mit uns; weist uns ins Leben und nicht in den Tod. *Von Gott kommt mir ein Freudenschein, weil du mich mit den Augen dein gar freundlich tust anblicken*, dichtete Philipp Nicolai mitten in der Pest in Unna. Wir gelingen nicht aus eigener Kraft. Wir sind, weil wir angesehen sind mit dem Blick der Güte.

Das gilt für den schwächelnden Einzelnen. Das gilt für die schwache, oft trostlose Kirche. Sie ist eine Kirche in der Kraft des Geistes, weil sie von und bei Gott angesehen, nicht, weil sie so toll und ansehnlich ist. Wir müssen doch nicht Bileam und Gott sei Dank keine Kirche sein, die sich ständig beweisen muss.

Kirche mit Zukunft: Das kann dann wohl nur ein Haus sein, in das Menschen kommen können, so wie sie sind. Und alle haben Ansehen, bekommen Luft zum Atmen und zum Leben. Ein Haus, in dem kein Mensch sich inszenieren muss, sich aber jeder öffnen kann für das Wunder des Lebens. Ein Haus, in dem die öde Alltagsmüdigkeit verfliegt, weil es besondere Zeiten gibt, Orte und Erinnerungen, die weit über sich hinausweisen. Ein Haus, das Langzeitgedächtnis ist für Zeiten des Segens und des Fluches. Ein Haus, in dem die ganze Welt Gottes Haus ist und darin nichts und niemand gleichgültig. *Kirche mit Zukunft* ist eine zauberhafte Kirche, weil sie in allen Farben von Gott erzählt, dem Geheimnis der Welt, und gar nicht genug davon bekommen kann. Vielleicht werden dann auch die Jugendlichen bald wieder wissen, warum wir Weihnachten feiern … und Ostern … und Pfingsten!

Udo Bußmann

Altes und Neues

(2. Korinther 5,17)

Ist jemand in Christus, so ist er eine neue Kreatur; das Alte ist vergangen, siehe, Neues ist geworden.

Das ist eine klare Aussage: Altes ist vergangen, Neues ist geworden. Was war das Alte, was ist das Neue, das geworden ist, wenn jemand „in Christus“ ist? Ich las diesen Text in der Woche der Visitation des Präses im Kirchenkreis Lüdenscheid-Plettenberg. Die Wirklichkeit des gemeindlichen und kreiskirchlichen Lebens in diesem bis heute auch pietistisch geprägten Kirchenkreis prägte meine Vorbereitungen. Was war das Alte, von dem Paulus spricht, und was ist das Neue, von dem er redet? Ist das Alte einfach weg und strahlt das Neue als österlicher Glanz?

Im Alltag eines Kirchenkreises ist für die Besucherinnen und Besucher vieles unklar, manches bleibt es auch nach einer Woche, weil es wirklich unklar ist. Ich traf auf Mitarbeitende in der Arbeit mit Kindern und Jugendlichen, ehrenamtliche wie hauptamtliche, die mit den neu eingeschlagenen Wegen der Strukturreform äußerst zufrieden waren. Meine Anfragen, die sich aus unseren Diskussionen ergaben, konnten und/oder wollten sie nicht verstehen. Meine Begleiterin in der Untergruppe meinte, ich wirkte wie ein Prophet, der Drohworte ausspricht in Zeiten des Heils. War ich gefangen im Alten, konnte das Neue nicht erkennen?

Neue Formen der Begegnung – christlicher Circus Schnick Schnack in Herne

Eine neue Ordnung wird beschlossen. Die Konferenz für die Arbeit mit Kindern und Jugendlichen in Westfalen (KKJW) soll das Alte werden, die Evangelische Jugendkonferenz Westfalen (EJKW) das Neue. Wir haben Neues geschaffen und hoffen, dass es auch das Bessere ist. Aber sind wir uns da wirklich so sicher oder bleibt auch hier manches im Unklaren? Manche haben schon im Vorfeld kritisiert, dass alles nicht weit genug geht. Auch ich bin mir nicht sicher, dass wir wirklich Gutes geschaffen haben. Nicht, weil ich nicht davon überzeugt bin, dass wir ordentlich gearbeitet haben und gute Gedanken hatten, im Vorfeld mit vielen Beteiligten gesprochen haben, sondern aus anderen Gründen:

Zu oft erleben wir im Alltag, dass uns was Neues versprochen wird, das dann aber doch nicht die Erwartungen erfüllen kann. Werbung, Politik, zwischenmenschliche Beziehungen, jede und jeder kann seine Erfahrungen aus fast allen Lebensbereichen erzählen, wo man mit vielen Hoffnungen und großer Sicherheit was Neues angefangen hat und dann doch feststellen musste: Es ist nicht alles Gold, was glänzt. Deshalb: Warum sollte es mit unserer neuen Ordnung auf jeden Fall anders sein?

Unklarheit, Uneindeutigkeit, so meine ich, ist die vorherrschende Erfahrung unseres Lebens. Das Wort des Paulus provoziert da: Alles

Gottes Zuspruch lässt Menschen fürs Leben eintreten

Gotteslob setzt in Bewegung – Christmas-Celebration Ruhr in Herne

ist klar, es gibt das Alte, es gibt das Neue. Ist jemand in Christus, so ist er eine neue Kreatur, das Alte ist vergangen. Wie kann Paulus das so klar und deutlich sagen: Es gibt ein Vorher, dann kommt Christus, und für die Menschen, die sich auf ihn einlassen, ist alles neu? Ich lese den Kontext unseres Verses und entdecke, dass Paulus in diesem Abschnitt von der Versöhnung Gottes mit der Welt und den Menschen in Jesus Christus spricht. Aus der Perspektive von uns Menschen beschrieben:

> *Wenn einer für alle gestorben ist, so sind sie alle gestorben. Und er ist darum für alle gestorben, damit, die da leben, hinfort nicht sich selbst leben, sondern dem, der für sie gestorben und auferstanden ist.*
> (2. Korinther 5,14 – 15)

Die Auferstehung Christi, Ostern, das ist die Wende. Von ihr aus wird Altes und Neues bestimmt, wird die Wirklichkeit neu gesehen. Das Ziel allen Lebens ist dann nämlich nicht mehr der Tod, sondern das Leben. Eine wirklich neue Perspektive auf sein eigenes Leben tut sich für den auf, der „in Christus ist". Er weiß: Nichts kann mich trennen von der Liebe Christi. Geborgen ist mein Leben in ihm. Tod und Teufel haben über mich keine Macht mehr.

Es groovt – Neues ist gefragt bei Jung und Alt

Und wie steht es nun mit unserer Ordnung? Wie steht es mit den Unklarheiten in der Kirche und in der Welt? Gehört die neue Ordnung zum Neuen oder gehört sie zum Alten? Nimmt man also nur diesen einen Satz von Paulus, dann kann etwas mit uns Christen in dieser Welt nicht stimmen, dann sind wir zumindest sehr häufig nicht „in Christus". Aber dieser Satz ist ja nicht das Ganze der Verkündigung des Paulus, des christlichen Glaubens. Er weiß noch mehr und sagt dies auch seinen Gemeinden und damit uns:

„Der Satz, den ihr gerade gehört habt, ist und bleibt richtig. Gott hat sich mit euch versöhnt. Ihr habt den Tod überwunden. In dieser Gewissheit dürft ihr leben. Aber ich weiß auch, dass die Welt um euch herum noch der Erlösung harrt. In ihr bleibt ihr verwoben. Aber ihr habt nun einen neuen Blick: Ihr könnt jetzt schon aus der Gewissheit leben, dass das Ziel eures Lebens das Leben und nicht der Tod ist, was immer euch gelingt oder misslingt." Es wird deutlich, was Paulus meint: Das Alte ist das Endliche, das Neue ist das Ewige.

So wird dann klar: Alles menschliche Tun, all unsere noch so klug ausgedachten Ordnungen und Strukturen, all dies bleibt dem Alten verhaftet, ist also das Alte. Das Neue will aber unseren Blick auf das Alte verändern. Wir können nun wissen: Das Alte ist nicht das Letzte, sondern mindestens das Vorletzte. Als solches dürfen wir es betrachten und als solches dürfen und sollen wir es gestalten.

Das gilt auch für unsere Ordnung. Ich wünsche mir, dass wir sie einmütig verabschieden in dem Bewusstsein – zwangsnotwendigerweise, denn sie gehört zum Alten –, etwas Vorletztes und damit Vorläufiges zu schaffen. Lasst uns mit ihr Erfahrungen machen, lasst uns diese dann begleitend auswerten und dann überlegen, ob eine nächste Reform nötig ist. Dies wäre dann gut evangelisches Handeln. Wer sich um sein Heil, um sein ewiges Leben keine Sorgen zu machen braucht, weil er sich glaubend „in Christus" weiß, der schaut befreit auf das, was ist. „Ecclesia semper reformanda", so sagte es die Reformation. Das gilt weiter: Die Kirche wie die Jugendarbeit sind immer fortlaufend zu erneuern.

Damit wird allerdings auch das wichtigste Kriterium aller Reform deutlich: Nützt sie, die das ewige Leben bringende Botschaft an Kinder und Jugendliche besser weiterzugeben? Wird in ihr deutlich, was wir aus unserem Glauben wollen?

Gottes Geist möge bei uns bleiben. Er öffne unsere Herzen für sich und für die anderen.

Fred Sobiech

Der Kaiser von Amerika und der Mann aus Nazareth

(Markus 3,21)

Er ist von Sinnen.

I.

Gemeinhin wird angenommen, dass es in den USA nie eine Monarchie gegeben hat. Das ist ein Irrtum. Von 1859 bis 1880 war Joshua Abraham Norton, ein englischer Jude, Kaiser der Vereinigten Staaten. Seine Thronbesteigung wurde durch ein im September 1859 im *San Francisco Bulletin* veröffentlichtes Edikt proklamiert. Darin heißt es:

> „Auf ausdrückliche Bitte und den Wunsch einer großen Mehrheit der Bürger der Vereinigten Staaten hin erkläre und proklamiere ich, Joshua Norton, mich selbst zum Kaiser besagter Vereinigter Staaten. Kraft dieser mir dadurch zuteil gewordenen Autorität ordne ich an und befehle, dass sich die Repräsentanten der einzelnen Bundesstaaten der Union am ersten Tag des kommenden Februar in der hiesigen Music Hall zu versammeln haben, um dort selbst entsprechende Änderungen im bestehenden Recht der Union vorzunehmen, die die Verderbtheiten, unter denen das Land zu leiden hat, abstellen. Dadurch sollen sie Vertrauen in das Dasein schaffen, sowohl hier zu Hause als auch im Ausland, sowohl in Bezug auf unsere Stabilität als auch Integrität“ (gezeichnet) Norton I., Kaiser der Vereinigten Staaten und Protektor von Mexiko.

Norton wurde schnell zu einer Berühmtheit. Er hob die Verfassung auf, löste die Partei der Republikaner und die der Demokraten auf, weil „ihre Existenz nur Zwietracht“ säe. Auch druckte er eine eigene Währung. Die Banknoten im Wert von 25 und 50 Cents wurden in den meisten Geschäften und Restaurants von San Francisco bereitwillig akzeptiert. Allerdings fühlte er sich als Kaiser zu Größerem berufen und versuchte, bei den Banken Kredite in Höhe von etlichen Millionen Dollar aufzunehmen. Dort fand man aber taktvolle Wege, sich den kaiserlichen Forderungen zu entziehen.

Norton nahm seine Pflichten ernst. Mehr als zwanzig Jahre patrouillierte er durch die Straßen und kontrollierte, ob die Bürgersteige in Ordnung waren und die Straßenbahnen ihre Fahrpläne einhielten. Nie verpasste er eine Senatssitzung des Bundesstaates, wo für ihn eigens ein Sitzplatz reserviert war.

Jede Woche nahm er am Gottesdienst einer anderen Kirche teil, um in seinem Reich einen Konfessionsstreit zu vermeiden. Stets trug der Kaiser eine blaue Uniform mit goldenen Epauletten. Die hatte er von Armeeoffizieren erhalten. Er trug ein Schwert, einen hohen, mit Federn geschmückten Biberhut und eine Rosette.

Als seine Uniform 1869 allmählich fadenscheinig wurde, erließ er ein weiteres Edikt: „Hiermit mache ich euch darauf aufmerksam, dass Wir, Norton I, Kaiser Dei gratia der Vereinigten Staaten und Protektor von Mexiko, ernsthafte Beschwerden seitens unserer Anhänger vernommen haben, dass unsere kaiserliche Garderobe eine nationale Schande ist … Wir warnen diejenigen, deren Aufgabe es ist, sich um diese Angelegenheiten zu kümmern, dass ihr Skalp in Gefahr ist, falls man unseren besagten Bedarf nicht deckt."

Die auf ihre Skalps bedachten leitenden Beamten der Stadtverwaltung bewilligten ihm das Geld für eine neue Uniform. Woraufhin der Kaiser, von dieser Treuegeste bewegt, sie allesamt adelte.

Die Kirchenleitung groovt – Internationaler Gospel-Kirchentag Essen

II.

Der Mann aus Nazareth beruft zwölf Jünger und seine Verwandten stecken die Köpfe zusammen und sagen: *„Er ist von Sinnen"* (Markus 3,21). Er begibt sich in die schlechte Gesellschaft der Ausgestoßenen, der Zöllner, der Huren – berührt sie mit einer neuen Lebensverheißung: *„Kommt her zu mir alle, die ihr mühselig und beladen seid; ich will euch erquicken"* (Matthäus 11,28). Er heilt Lahme und Blinde – an Leib und Seele Beschädigte: *„Gehe hin, dein Glaube hat dir geholfen"* (Markus 10,52). Den reichen Jüngling (Lukas 18), der nach dem Reich Gottes fragt, weist er auf Kamel und Nadelöhr hin und seinen Jüngern sagt er: *„Wer sein Leben findet, der wird's verlieren; und wer sein Leben verliert um meinetwillen, der wird's finden"* (Matthäus 10,39). Für die Wächter der Konvention ist er ein *„Fresser und Weinsäufer"* (Matthäus 11,19).

Ex-zentrisch ist er, weil er sein Zentrum nicht in sich selbst sucht und findet, sondern in Gott. Jesus – kein in sich selbst zentrierter Gutmensch. Sondern: Selbstbezogenheit, Selbstgenügsamkeit überwindend, überschreitend – hin zu Gott: *„Abba, lieber Vater"* (Markus 14,36).

III.

Wer ist dieser Jesus eigentlich für uns? Unser Kaiser von Amerika? Lächelnd akzeptiert, aber nicht so ganz ernst genommen. Gottes Sohn, unser Herr? Das klingt richtig und entspricht der Konvention. Aber was heißt das? Kann man dieses Bekenntnis im Alltag unseres Lebens, in der Lebensgestaltung unserer Gemeinden erleben, erkennen, spüren ...? Diesen exzentrischen Kick, der nicht immer allen alles recht macht, der an-stößig ist und in Bewegung bringt. Aus einer Liebe heraus, von der Paulus sagt: „Sie höret nimmer auf" (1. Korinther 13,8). Einer Liebe, die ihr Zentrum nicht in sich selbst hat, sondern – in Gott.

Oder muss man nicht ehrlich sagen: Wir sind so normal und unsere Gemeinden sind so normal, dass allenfalls *das* heute schon wieder exzentrisch ist. Wenn man an die Orte denkt, wo das Leben tobt. Von Mega-Discos bis zum Centro-O. Von der LOVE-Parade bis zu Musical-Tempeln, die „Dome" heißen, und all den anderen großen und kleinen Lifestyle-Inszenierungen. Reicht der exzentrische Charme einer Tupperparty, den wir weithin pflegen, um den Charme des Reiches Gottes den Menschen nahe zu bringen?

IV.

Als vor einiger Zeit der LOTTO-Jackpot so hoch war, dass alle Kirchmeister und Verwaltungsdirektoren der westfälischen Kirchenkreise Tippscheine ausgefüllt haben, um die Finanzkrise der Kirche zu beseitigen, kam mir ein verrückter Gedanke: *Das ist es. Der Jackpot. Das ist ein Bild für Jesus:* Jesus hat den *Jackpot des Lebens geknackt und verteilt – exzentrisch wie er ist – seinen Gewinn. Einfach so.* Im Vertrauen auf Gott. *Keine feindliche Übernahme, sondern freundliche Zuwendung. Liebe, Vergebung, Kraft und Mut aus Gott. Hoffnung, die nicht zugrunde geht.* Kann unsere Kirche so ver-rückt Zukunft gewinnen? Ich meine ja. Gegen alle Zwänge und Zwanghaftigkeiten. Gegen unsere uns oft so müde machende Normalität. Man muss sich ja nicht gleich zum Kaiser von Westfalen erklären.

V.

Ach so: Als Norton, der selbst ernannte Kaiser von Amerika, 1880 starb, titelte der *San Francisco Chronicle*: „Der König ist tot." Sämtliche Flaggen der Stadt wehten auf halbmast. Dreißigtausend Trauernde nahmen an dem aufwendigen Begräbnis teil und noch viel mehr säumten die Straßen San Franciscos." Ver-rückt.

Klaus Majoress

Der Schwebende

(2. Korinther 5,19–20)

Ein Gesicht voller Leid, voll Trauer und Schmerz, voll bitterer Scham, erschrocken darüber, was Menschen einander antun können, so mag man die Gesichtszüge der Plastik deuten, die Ernst Barlach 1927 geschaffen hat. Im Dom zu Güstrow fand sie ihren Ort als Ehren-, besser gesagt, als Mahnmal für die Opfer des 1. Weltkrieges.

„Für mich hat während des Kriegs die Zeit stillgestanden", hat Barlach selbst zu dieser Plastik gesagt. „Sie war in nichts anderes Irdisches einfügbar. Sie schwebte. Von diesem Gefühl wollte ich in dieser ins Leere schauenden Schicksalsgestalt etwas wiedergeben."

„Der Schwebende", so gab er dieser Plastik den Namen, eine Engelsgestalt, in der das seinen Ausdruck findet, was Barlach in der Auseinandersetzung mit dem Krieg für sich erfahren hat.

Der Engel hängt unter dem Gewölbe der Nordkapelle im Dom zu Güstrow. Darunter ein schmiedeeisernes Gitter und darin auf dem Fußboden ein Stein mit den Jahreszahlen 1914 – 1918. Nebenan ein Pult mit einem dicken Buch, in dem pro Tag der Name eines Kriegsgefallenen verzeichnet ist.

„Viele Leute schimpfen auf meine Arbeit, aber ich kann ihr Gerede vertragen – und der Engel auch. Er wird noch 100 Jahre und mehr Jahre ruhig an seinem Platz hängen, regungslos wie heute. Seine Gedanken sind bei den Opfern der Kriege, seine Augen sind zu, damit ihn nichts ablenkt von seinem Erinnern."

Damit setzt Ernst Barlach ein Zeichen, ein wichtiges Zeichen: Erinnern geht über das heroische Gedenken hinaus. Es wird zum Erinnern an die Opfer des Krieges, an die eigentlichen Opfer, und an das Grauen, das Menschenverachtende, das unvorstellbar Schreckliche, das jeder Krieg mit sich bringt. Wir haben es wahrgenommen, erschrocken wahrgenommen in diesen Tagen, wie verheerend ein angeblich noch so gerechter Krieg, d. h. ja notwendiger und notwendender Krieg ist, und wie wenig er doch Recht schafft.

Die geschlossenen Augen und zugleich intensiven Augenzüge nehmen uns mit in dieses Erinnern und dieses gleichzeitige Erschrecken. Mit dieser Plastik Barlachs erfolgt eine Umdeutung der Kriegswirklichkeit gegen das Vergessen.

Ein Gesicht voller Leid, Trauer und Schmerz, voll bitterer Scham, erschrocken darüber, was Menschen einander antun können. Mit geschlossenen Augen sieht der Engel tiefer, sieht in Abgründe hinein, in die tiefen Abgründe menschlichen Lebens. Er sieht hinein in Schuld und Versagen, in Feindschaft und Hass, in menschliche Not und Verzweiflung und stellt sich damit auf die Seite derer, die Not und Versagen und die Folgen menschlicher Schuld zu spüren bekommen. Dieser Blick nach innen verstärkt sich noch durch die durchkreuzten Hände vor der Brust, Ausdruck einer Haltung, die sich nach innen kehrt.

Gleichzeitig bleibt dieser Engel „*Der Schwebende*“. Der, der zwischen Himmel und Erde zum Mahner, zum Rufer wird, zu dem, der Umkehr fordert: „Nie wieder Krieg, niemals Gewalt, versöhnende Liebe sei euer Ziel.“

Hier in der Kirche zwischen Erde und Himmel ist aufgehoben, was er zu tragen hat. Im Dom wollte Ernst Barlach ihn haben. Hier am Ort der versöhnenden Liebe Gottes, am Ort der Botschaft von seinem Kreuz konnte aus seinem Engel für die Gefallenen ein mahnender Engel für die Lebenden werden:

> *Nie wieder Krieg, niemals Gewalt,*
> *versöhnende Liebe sei euer Ziel.*

Barlach hat die Plastik so aufhängen lassen, dass sich diese Botschaft verstärkt. Die Gedenktafel für die Verstorbenen ist mit einem Zaun umgeben, der als Zeichen für die Taufe steht und damit deutlich macht, dass die Toten teilhaben an der Ewigkeit Gottes. So hängt der Engel in dem hohen, durch die Kirchenfenster lichtumfluteten göttlichen Bereich. Durch die goldgelben gotischen Fenster der Seitenkapelle im Güstrower Dom erfasst das Licht die reflektierende helle Fläche des Mantels und hebt die schwere Form auf. Aus der glattförmigen, schweren Gestalt wird im Licht des gotischen Raumes der Engel zu einem Mittler der Barmherzigkeit und Gnade Gottes, die Umkehr fordert, eine Umkehr zum Frieden, eine Umkehr zur Versöhnung.

Aufruf zur Umkehr – Barlachs Mahnmal gegen den Krieg in Güstrow

Denn Gott war in Christus und versöhnte die Welt mit sich selber und rechnete ihnen ihre Sünden nicht zu und hat unter uns aufgerichtet das Wort von der Versöhnung. Also sind wir nun Botschafter an Christi statt, denn Gott ermahnt durch uns; so bitten wir nun an Christi statt: Lasst euch versöhnen mit Gott. (2. Korinther 5,19 – 20)

Lasst euch versöhnen – in intensiver Erinnerung an die Greuel des Krieges

Nicht das Ende von Feindschaft und Hass, von Schuld und Versagen ist in Christus gekommen, sondern der Anfang, in Feindschaft und Hass, Schuld und Versagen den Weg der Versöhnung zu gehen.

Nie wieder Krieg, keine Gewalt,
sondern versöhnende Liebe sei euer Ziel.

Allerdings: Die Botschaft des Engels gefiel längst nicht allen. „Er ist nicht heroisch, denn er wehrt sich ja nicht", wie es einem guten Deutschen jener Tage – und nur jener? – anzuhaften hatte. Er erträgt die Schmerzen und das Leid und die Trauer über das Unfassbare menschlichen Tuns, aber er heroisiert nicht und verurteilt nicht. Er ist auf eine so stille Weise stark, dass viele es nicht aushalten konnten.

Darum spotteten und höhnten sie über ihn, weigerten sich, ihn einen Engel zu nennen. So stürmten die Nazis den Dom und schlugen den Engel herunter. „In einer deutschen Kirche", sagten sie dreist, „hat entartete Kunst keinen Platz." Sie schmolzen ihn ein und machten aus ihm Munition für den Krieg, gegen den der Engel doch mahnte.

Ob sie nichts verstanden hatten von Gottes Versöhnung, von seiner Gnade und Barmherzigkeit, seinem so ganz anderen Weg zu den Menschen? Ob wir mehr verstanden haben?

„Gott versöhnte die Welt mit sich selber und rechnete ihnen ihre Sünden nicht zu."

Gott verharmlost nicht, aber er stellt über alles das Urteil der Versöhnung. Und trotzdem wird noch immer im Namen Gottes getrennt
- in gute und schlechte Menschen,
- in Ordentliche und Missratene,
- in Böse und Gute, sogar von einer Achse des Bösen ist die Rede – und im Namen Gottes wird die Erde eingeteilt in Gute und Böse und die Gräben werden tiefer gezogen. Und noch immer werden die Menschen behaftet auf Aussehen, Fehler, Schwächen, Andersartigkeiten, noch immer wird nachgehalten und nachgetragen.

Das Interessante: Der Engel wurde gerettet. Dieser warnende, mahnende Engel der Versöhnung. Es gab noch ein Gipsmodell über die Zeit des Krieges hinaus. Und die Bosheit der Menschen konnte nicht verhindern, dass er auferstand, in einen neuen Engel im Osten – in Güstrow – und einen im Westen in Köln in der Antoniterkirche mit der Holocaust-Stele. Noch lauter und noch mehr ruft er in seiner stillen, starken Weise zur Versöhnung: zur Versöhnung zwischen Ost und West, zwischen den reichen und armen Ländern dieser Erde, zwischen Juden, Christen und Moslems, zwischen dir und mir.

Der Engel von Güstrow ist mehr als ein gerettetes Kunstwerk, schwebend zwischen Himmel und Erde. Er mahnt, er verkündet, dass Liebe, dass Versöhnung, dass Gottes Kraft nicht zu zerstören sind. Darum bittet er und ruft: Lasst euch versöhnen mit Gott und versöhnt euch untereinander. Ballt nicht die Fäuste über all der Bosheit, über Verleumdung und Ratlosigkeit. Nur die versöhnende Liebe bringt uns zusammen. Sie allein macht es möglich, Schuld und Verstrickung offen zu legen, abzubauen und zu begraben.

Beide Engel ermahnen uns, ermutigen uns: Lasst euch versöhnen mit Gott und versöhnt euch untereinander, lasst nicht ab für Frieden und Gerechtigkeit einzustehen, hört nicht auf, dafür zu beten und die Mauern in euren Köpfen, in euren Herzen und Worten zu überwinden, denn ihr seid Botschafter an Christi statt. Darum: Lasst euch versöhnen mit Gott.

2. Unter Gottes Bogen

stärken
Kraftquelle
Visionen
hell
Grenzen
geerdet
Nachhaltigkeit
innehalten
Solidarität
mitleiden
zeitig

Friedrich-Wilhelm
Feldmann

Verborgene Leidenschaft

(EG Nr. 97)

Mein Blick fällt auf das Foto, postkartengroß. Ein Baum, hochgewachsen, dürr, Reste von Zweigen, die früheres Wachstum ahnen lassen, kreuz und quer, vom Stamm gehalten. Oben eine ausladende Krone. Ein Baum im Gegenlicht der untergehenden Sonne, in seinen Konturen scharf geschnitten, im Wechselspiel von Licht und Schatten.

Fast verborgen – Konturen des Gekreuzigten

Mein Blick fällt auf das Bild – und bleibt am unteren Teil des Stammes hängen.
Merkwürdig – sieht es nicht so aus, als formten sich die Zweige mit dem Wuchs des Stammes zum Kreuz, mehr noch: zu Konturen des Gekreuzigten? Die Arme wie Kreuzesbalken hinausragend, der Kopf vornüber gebeugt, der Körper mit dem Baum verwachsen. Konturen im Gegenlicht. Ist es Einbildung, was ich wahrzunehmen glaube? Würden es andere Betrachter auch so sehen?

Es ist für mich ein Passionsbild. Und doch: Es macht für mich etwas im übertragenen Sinn deutlich: Es sieht aus wie der Gekreuzigte, aber das Kreuz Christi fällt nicht selbstverständlich in den Blick. Und ich denke: So ist es. Dieser Tod ist übersehbar. Ich nehme die Passion dieses Menschen Jesus von Nazareth nicht mehr selbstverständlich wahr. Das Nach-Denken, Miterleben der Passion fällt schwer. Sie spricht nicht an. Vom Leiden möchte kaum jemand etwas wissen, weil bedrückend genug das Leben quält.

Ist das Kreuz Christi darin eingeebnet in die vielen Kreuze dieser Welt, ist sein Leiden versunken im dunklen Schacht von Schmerz und Tod, in dem, was Menschen täglich neu erleben, sich antun und daran zu ersticken drohen?

Kann ich das Leiden, will ich es vielleicht auch nicht mehr hören? Warum fällt es so schwer, dem Leiden standzuhalten, es zuzulassen? Warum halten wir es oft nur so schwer aus, Menschen in ihrem Leiden zu begleiten, in ihrer Not und Traurigkeit, es auszuhalten, dass Worte schwer werden, dass ich nichts sagen kann, weil sich in all dem Dunkel auch mein Bild Gottes verdunkelt?

„Ich habe gebetet und dir vertraut, Gott – es war alles umsonst. Ich habe dich gesucht, aber du hast dich nicht finden lassen. Wo bist du, Gott? Wo bist du in dem, was das Leben schwer macht?“ Stimmen, die nicht verstummen wollen.

Dann fällt mein Blick wieder auf dieses Bild. Ich beginne wieder neu zu ahnen, dass dieser Jesus selbst diese Dunkelheit des Lebens kennt, dass er gerade in dem Bedrängenden an meiner Seite steht. Das macht sein Weg in die Passion, in das Leiden deutlich. Darin ist er mitten in unserer Welt, mitten in unserem Leben.

Ich möchte begreifen: Im Leben und Sterben dieses Jesus von Nazareth bilden sich Gottes Wille und Weg ab. Wer das Leiden des Menschensohnes verstanden hat, versteht Gottes eigene Leidenschaft für uns Menschen, die Leidenschaft der unendlichen Liebe.

Diesen Weg ist Jesus gegangen, konsequent, gradlinig. Er hat diesen Weg zum Leben nicht beschrieben, sondern ihn gewagt, nicht todessüchtig, aber bereit zum Aushalten, bereit, seine Botschaft mit seinem Leiden und Sterben zu bezahlen. Ja, er ist für seine Botschaft gestorben, für seine Worte, seine tröstenden, helfenden, heilenden, vergebenden, segnenden Worte, die er im Namen Gottes gesagt und gelebt hat.

Licht bricht auf – durch verdorrte Äste

Ich sehe das Bild vor mir. Das Kreuz, hineingewachsen in den Baum des Lebens. In einem neueren Lied zur Passionszeit singen wir in unseren Gemeinden:
Holz auf Jesu Schulter, von der Welt verflucht, ward zum Baum des Lebens und bringt gute Frucht.

Dahin möchte ich meine Gedanken lenken, Ich möchte auf den Weg blicken, den Jesus gegangen ist, seine Fußspuren suchend, seine Worte hörend, dafür möchte ich immer wieder offene Ohren, ein offenes Herz bekommen.

Ich blicke noch einmal auf das Bild: Verbiegungen, Abbrüche, verdorrte Äste – und doch das Kreuz als Zeichen des Lebens. Weil der Stamm hält und trägt. Das Kreuz auf dem Bild – übersehbar und doch Grundstock des Lebens.

Hart auf deiner Schulter lag das Kreuz, o Herr, ward zum Baum des Lebens, ist von Früchten schwer. Kyrie eleison, sieh, wohin wir gehen. Ruf uns aus den Toten, lass uns auferstehen.

Und dann möchte ich auch dieses im Bild erkennen, wie sich das Licht bricht, wie der helle Schein – und ich kann ihn nur als Ostersonne verstehen – das Kreuz am Stamm umspielt. Das Kreuz am Karfreitag ist nicht das Ende. Neues Leben wird entstehen, das Licht von Ostern bricht am Horizont auf. Das für den Einen tödliche Kreuz wird für uns alle zum Zeichen des Lebens. Licht von Ostern, Hoffnungslicht, Lebenslicht, tröstlich und ermutigend.

Ulrich Möller

Zeit für große Steine

(Jesaja 48,17)

Ich bekenne dir, Herr, dass ich noch immer nicht weiß, was Zeit ist.

So Augustinus, der Kirchenvater der Alten Kirche, in seinen „Bekenntnissen“. Sind wir da weiter? Wissen wir, was Zeit ist? Was meine Zeit ist? Was an der Zeit ist? Wofür wir (noch) Zeit haben? Wir erleben ja die Beschleunigungsfalle unserer Informationsgesellschaft immer stärker als Druck, der uns in die Defensive bloßen Reagierens bringt. Alle 20 Monate verdoppelt sich in unserer Gesellschaft die Informationsflut.

Davon bleibt auch die Kirche nicht unberührt. Viele von uns merken das an der Menge ihrer E-mails, die sie zu bearbeiten haben, an den Entscheidungen, die sie immer häufiger und schneller treffen müssen. Gleichzeitig sind bei Fortschreibung gegenwärtiger Trends in unserer Kirche schon in Kürze viele bisher wahrgenommene Aufgaben so nicht mehr finanzierbar. Der Druck nimmt zu. Die kirchliche Struktur- und Finanzkrise, Ausgangspunkt unseres Reformprozesses „Kirche mit Zukunft“, droht uns im Verlauf dieses inzwischen wirklich umfassenden Erneuerungsprozesses unserer Kirche erneut einzuholen.

Viele fragen sich besorgt: Ist da überhaupt noch Zeit für Aufbruchvisionen und Leitbildprozesse? Können Leitbilder noch mehr sein als die bunt angemalte Verpackung für umso schmerzlicher einschneidende Sparmaßnahmen und die damit einhergehenden Verteilungskämpfe?

Zeit ist Geld. Besonders hauptamtlich bezahlte Zeit. Da kommen plötzlich ganz andere Fragen nach vorn, z. B.: Wofür kann Kirche sich ihre Zeit noch leisten? Wofür Zeit zu haben rechnet sich für die Kirche? Oder: Wie kann die Kirche in der Zeit, die sie sich leisten kann, mehr leisten?

Dazu eine kleine Geschichte:
Eines Tages wurde ein alter Professor gebeten, für eine Gruppe von etwa 15 Chefs großer amerikanischer Unternehmen eine Vorlesung über sinnvolle Zeitplanung zu halten. Dieser Kurs war einer von fünf Stationen ihres eintägigen Lehrgangs zum effektiveren Umgang mit der Begrenztheit ihrer wertvollsten Ressourcen. Der Professor

Suche nach wichtigen Zukunftsthemen – Synodale beraten im Assapheum Bethel

hatte daher nur eine Stunde Zeit, sein Wissen zu vermitteln. Zuerst betrachtete er in aller Ruhe einen nach dem anderen dieser Elitetruppe. Danach verkündete der Professor: „Wir werden ein kleines Experiment durchführen."

Er zog einen Glaskrug unter seinem Pult hervor und stellte ihn vorsichtig vor sich hin. Dann holte er einige große Kieselsteine hervor und legte sie sorgfältig einen nach dem anderen in den großen Krug. Als der Krug bis an den Rand voll war und kein weiterer Kieselstein mehr darin Platz hatte, blickte er langsam auf und fragte seine Schüler: „Ist der Krug voll?" Und alle antworteten „Ja!" Er wartete ein paar Sekunden ab und fragte seine Schüler: „Wirklich?"

Dann verschwand er erneut hinter seinem Pult und holte einen mit Kies gefüllten Becher hervor. Sorgfältig verteilte er den Kies über die großen Kieselsteine und rührte dann leicht um. Der Kies verteilte sich zwischen den großen Kieselsteinen bis auf den Boden des Kruges. Der Professor blickte erneut auf und fragte sein Publikum: „Ist dieser Krug voll?"

Dieses Mal begannen seine schlauen Schüler seine Darbietung zu verstehen. Einer von ihnen antwortete: „Wahrscheinlich nicht." „Gut", antwortete der Professor. Er verschwand wieder unter seinem Pult und diesmal holte er einen Eimer Sand hervor. Vorsichtig kippte er den Sand in den Krug. Der Sand füllte die Räume zwischen den großen Kieselsteinen und dem Kies aus. Wieder fragte er: „Ist das Gefäß jetzt voll?"

Diesmal antworteten seine Schüler ohne zu zögern im Chor: „Nein!" „Gut", sagte der Professor. Und als hätten seine wunderbaren Schüler nur darauf gewartet, nahm er die Wasserkanne, die unter dem Pult stand, und füllte den Krug bis an den Rand. Dann blickte er auf und fragte: „Was können wir Wichtiges aus diesem Experiment lernen?"

Der Kühnste unter seinen Schülern – nicht dumm – dachte an das Thema der Vorlesung und antwortete: „Daraus lernen wir: Selbst wenn wir denken, dass unser Zeitplan schon bis zum Rand voll ist – wenn wir es wirklich wollen, können wir immer noch einen Termin oder andere Dinge einschieben!"

SINGET UND SPIEL
HERRN IN EUREN HERZEN

„Nein“, antwortete der Professor, „darum geht es nicht. Was wir wirklich aus diesem Experiment lernen können, ist Folgendes: Wenn man die großen Kieselsteine nicht als Erstes in den Krug legt, werden sie später niemals alle hineinpassen.“

Es folgte ein Moment des Schweigens. Jedem wurde bewusst, wie sehr der Professor Recht hatte. Dann fragte er: „Was sind in eurem Leben die großen Kieselsteine? Wirklich wichtig ist, dass wir die großen Kieselsteine in unserem Leben an die erste Stelle setzen. Wenn nicht, laufen wir Gefahr, es nicht zu meistern, unser Leben. Wenn man zuallererst auf Kleinigkeiten achtet, den Kies, den Sand, dann verbringt man sein Leben mit Kleinigkeiten und hat nicht mehr genug Zeit für die wichtigen Dinge.

Deshalb vergesst nicht euch selbst die Frage zu stellen: Was sind die großen Kieselsteine in meinem Leben? Dann legt diese zuerst in den Krug.“ Mit einem freundlichen Wink verabschiedete sich der alte Professor von seinem Publikum und verließ langsam den Saal.

Kieselsteine in meinem Leben – eine Kirchenvertreterin auf der Synode

Große Brocken zuerst – ein Schüler mit Kohlebrocken im Industriemuseum der Zeche Zollern II/IV

Liebe Schwestern und Brüder: Was sind meine, was sind Ihre großen Kieselsteine? Welche großen Kieselsteine sind uns wichtig für unsere Arbeit in der Kirchengemeinde, im Kirchenkreis, im Gestaltungsraum, in der Evangelischen Kirche von Westfalen insgesamt? Das ergibt sich nicht von selbst. Das versteht sich nicht von selbst: Wie alles seine Zeit hat. Und wie alles seine Zeit bekommt, wenn es seine Zeit hat.

Deshalb brauchen wir angesichts der gravierenden gesellschaftlichen und kirchlichen Veränderungen Stationen auf dem Weg. Zeit, um Gott zu begegnen und vor dem Horizont seiner Verheißungen den Horizont zu beschreiben, vor dem wir als Christinnen und Christen unseren Auftrag heute und morgen wahrnehmen wollen. Nicht sich noch mehr aufladen. Vielmehr zunächst für einen Moment die Lasten absetzen.

Für mich sind solche Zeiten wichtig. Persönlich im Blick auf mein Leben. Und zusammen mit denen, die mit mir unterwegs sind in der Kirche Jesu, im Blick auf unsere gemeinsamen Aufgaben. Die Konsultation „Church with a future" zusammen mit den Geschwistern aus unseren Partnerkirchen in Afrika, Asien, Amerika und Europa war solch ein äußerst produktives Innehalten mit hilfreicher Außenperspektive.

Gemeinsam Kriterien dafür entwickeln, Gewissheit erlangen, welche wichtigen großen Kiesel zuerst in das Glas gelegt werden sollen. Darauf kommt es an. Damit der Krug nicht überschwappt vor lauter scheinbar wichtigen und dringlichen und unwichtigen und überflüssigen Anforderungen und die großen Steine schließlich nicht mehr unterzubringen sind. Wenn wir uns Zeit nehmen für die großen Steine, werden wir entdecken, dass sich der Zwischenraum für Kies, Sand und Wasser schon findet.

Anders gesagt: Wenn der Horizont und die Etappenziele des Weges deutlich vor Augen sind, können auch schwere Entscheidungen unterwegs zu Schritten des Aufbruchs werden. Denn dann stehen sie unter der Verheißung dessen, der sagt (Jesaja 48,17):

> *Ich bin der Herr, dein Gott, der dich lehrt, was dir hilft,*
> *und dich leitet auf dem Wege, den du gehst.*

Alles Ermüdende unter sich lassen – Cranger Kirmes in Herne

Klaus-Bernhard Philipps

Mit Flügeln wie Adler

(Jesaja 40,29 – 31)

Er gibt dem Müden Kraft
und Stärke genug dem Unvermögenden.
Männer werden müde und matt,
und Jünglinge straucheln und fallen;
aber die auf den Herrn harren, kriegen neue Kraft,
dass sie auffahren mit Flügeln wie Adler,
dass sie laufen und nicht matt werden,
dass sie wandeln und nicht müde werden.

Auf dem Weg in den Urlaub. Nach langer Fahrt schon bald am Ziel. Die wunderbare Kulisse der Alpen. Aber noch stehen wir im Stau. Da gleitet über uns ein Drachenflieger dahin, von der Thermik aufwärts getragen, frei sich zu bewegen, unbelastet von den vielen Verzögerungen in der Ebene.
Jetzt müsste man Flügel haben oder wenigstens auch so einen Drachenflieger!

Abheben und doch geerdet bleiben – 15 Minuten-Andacht während der Kirmes

Wie oft denke ich das: Wenn ich mich doch ab und an über den Alltag erheben könnte mit all seinen Problemen, von denen ich die meisten nicht lösen kann. Die Schwierigkeiten im eigenen Lebensbereich, in unserer Kirche, in unserem Land. Einfach mit Flügeln sich erheben und alles Ungelöste und Ermüdende unter sich lassen und darüber hinweggleiten! Ach, wer doch das könnte, nur ein einziges Mal!
Im Prophetenwort heißt es: *„Die auf den Herrn harren, kriegen neue Kraft, dass sie auffahren mit Flügeln wie Adler."* Sind wir nicht Menschen, die auf Gott vertrauen? Spüren wir denn, dass uns Flügel wachsen?

Langsam! Steigen wir noch nicht in die Lüfte! Erst ist noch die Müdigkeit wahrzunehmen und auszuhalten. Jesaja redet von der Müdigkeit und ihren Folgen: *„Männer werden müde und matt, und Jünglinge straucheln und fallen."*

Damals und heute. Müdigkeit und Verzagtheit breiten sich wie Mehltau über unsere Kirche und Gesellschaft, trotz aller Reformanstrengungen, trotz aller Neuaufbrüche in der Vergangenheit. Zu beobachten ist das nicht nur bei den Älteren, sondern auch schon bei den Jungen. Nicht nur bei Männern, auch bei den Frauen!
Müdigkeit, die Jesaja meint, ist nicht nur Ermattung der körperlichen Kräfte nach großer Anstrengung, sondern auch ein Nachlassen der Glaubenskräfte, die wir doch zur Bejahung des Lebens brauchen. Ärzte haben dafür einen Begriff geprägt: Burn-out-Syndrom – Ausgebrannt-Sein. In einem Menschen ist nichts mehr, das brennen und neue Energie geben kann. Auch Christen erleben: Ich habe keine Kraft mehr. Was mir früher Halt gab, mein Glaube, mein Gottvertrauen, ist wie weggebrannt. Vor mir sehe ich nur Schwierigkeiten und Scheitern.

Jesaja lenkt unseren Blick auf Gott. *„Hebet eure Augen in die Höhe und seht! Wer hat dies geschaffen (den Sternenhimmel)? Er führt ihr Heer vollzählig heraus und ruft sie alle mit Namen; seine Macht und starke Kraft ist so groß, dass nicht eins von ihnen fehlt."* Dieser Gott hat seine Macht und Kraft nicht nur am Himmel. Er wird nicht müde noch matt und wird auch dir neue Kraft geben.

Der Blick auf unsere positiven Erfahrungen mit Gott in unserem eigenen Leben und in unserer Kirche lenkt unseren Blick weg von der gegenwärtigen Müdigkeit. „Auf den Herrn harren" ist gespannte Aufmerksamkeit, die wie ein Spinnennetz ausgebreitet ist und so Gottes Wirken wieder wahrnimmt.
Ein Leitfaden, der uns helfen kann, unser Netz zu spinnen, Gott in unserem Leben und in unserer Welt zu entdecken, ist die Bibel mit ihren Zeugnissen von Menschen, denen Gott aus Müdigkeit und Verzweiflung geholfen hat. Die Bibel, die uns auch Worte gibt zur Klage vor Gott und zum Lob Gottes.

Ach ja, wenn mir doch Flügel wüchsen und ich mich über den Alltag, das Jammertal erheben könnte – von oben betrachtet würden auch die Schwierigkeiten viel kleiner erscheinen. Aber Jesaja lässt uns nicht fliegen. Neue Kraft ist zugesagt, aber die Füße bleiben auf der Erde. *„Dass sie laufen und nicht matt werden."* – *„Sie rennen und werden nicht müde, sie gehen und werden nicht matt"* (Martin Buber).

Wer neu Kraft bekommen hat, auch neue Glaubenskräfte, bleibt der Erde treu, bleibt bei denen, die noch müde und matt sind. Er erzählt von der neuen Kraftquelle, aus der er selbst getrunken hat, und führt andere dahin, dass sie auch trinken können.

Wie die neuen Kräfte aussehen, hat Nikolaus Ludwig Graf von Zinzendorf in einem Gebet beschrieben:

> Gib, Herr,
> was du verordnet hast,
> was deine Diener haben sollen,
> wenn sie dir nützlich werden wollen!
> Ein Joch, das unserm Halse passt,
> Geduld und Unerschrockenheit,
> das Ruhn und Tun in gleichem Grade
> und Beugung bei der höchsten Gnade
> und dein Verdienst zum Ehrenkleid.
> Ein inniglich vergnügtes Herz,
> ein Herz, besprengt mit deinem Blute,
> das Nötigste vom Heldenmute,
> beim Lieben einen mäßgen Schmerz.
> Ein Auge, rein und sonnenklar,
> ein treues Ohr für alle Schäden,
> gerührte Lippen, recht zu reden,
> Gemeinschaft mit der obern Schar.

Doris Damke

Was nie aus der Mode kommt

(1. Petrus 5,5)

Wie halten Sie's mit der Mode? Jetzt haben die Kollektionen in den Geschäften wieder gewechselt. Die Sommerfarben haben den Herbsttönen Platz gemacht. Und obwohl bei den meisten die Kleiderschränke noch gefüllt sind, das Neue stößt auf reges Interesse. Man kann sich der Mode eben nicht wirklich entziehen, auch wenn man sich weigert, jedem neuesten Trend hinterher zu hecheln. Wir bleiben von der Mode abhängig – und auch von manchen anderen Moden, wenn wir ehrlich sind. Das fängt bei der Kleidung an und hört beim „Eis des Jahres" nicht auf.

Eine Beobachtung hat mich in letzter Zeit besonders fasziniert: Auch unsere Sprache unterliegt Moden. Auf einmal tauchen da Wörter auf, die vorher kaum jemand benutzt hatte. Jetzt sind sie in aller Munde. Kaum eine Politikerrede verzichtet heute darauf, die „Nachhaltigkeit" einer Maßnahme zu betonen oder zu fordern. Nachhaltig muss alles sein, das Dosenpfand ebenso wie jeder einzelne Schritt der Gesundheitsreform. Auch die Überlegungen zu einer Kirchenreform stehen unter diesem Vorzeichen. Nachhaltig soll auch sie sein. Doch was heißt das eigentlich? Wie kommt es, dass ein Wort, das vor kurzem noch wenig bekannt war und so gut wie nicht benutzt wurde, auf einmal eine solche Karriere macht?

Auf Augenhöhe und zugleich für den Anderen da – Notfallseelsorge

Worte kommen in Mode: Da gibt es auf einmal die „Ich-AG" und den „Reform-Stau", alle beklagen die „Bildungsmisere" und arbeiten an einer neuen „Leitkultur", denn es muss endlich ein „Ruck durch Deutschland" gehen. Modewörter eben, manchmal mit kurzer Lebensdauer.

Andere Worte dagegen kommen aus der Mode. Kaum jemand benutzt sie noch. Manche christlich geprägten Begriffe sind davon betroffen. Nach Jahrhunderten beiseite gelegt. Der „Sünder" zum Beispiel kommt allenfalls noch als Verkehrssünder oder als Kaloriensünder vor. Oder nehmen Sie die „Gnade": Sie scheint nur noch den Tieren zu gelten, die ihr Gnadenbrot bekommen, wenn sie alt und schwach geworden sind. Ich könnte noch lange fortfahren. Mich beschäftigt aber die Frage, ob mit dem Umstand, dass ein Wort nicht mehr in Gebrauch ist, auch sein Inhalt schlicht aus der Mode kommen muss. Diese Frage begleitet mich seit dem Nachdenken über ein Wort der Bibel, das in einem Brief des Neuen Testaments steht, im 1. Petrusbrief 5,5 und lautet:

Gott widersteht den Hochmütigen,
aber den Demütigen gibt er Gnade.

Da ist sie: die Gnade. Und dazu noch die Demut. Und der Hochmut obendrein. Drei Wörter, die derzeit keine Konjunktur haben, die aus der Mode gekommen sind.

Oder haben Sie diese Begriffe in der letzten Zeit einmal in irgendwelchen ganz normalen Zusammenhängen gehört? Ich jedenfalls kann mich nicht daran erinnern.

Gewiss, das Wort „Demut“ ist sicher nicht zufällig aus unserer Umgangssprache verschwunden. Denn was früher als Tugend gepriesen wurde, hat heute einen unangenehmen Beigeschmack. Demut scheint einem selbstbewussten und ich-starken Menschen nicht mehr angemessen. Man beugt sich nicht vor einem anderen. Man begegnet ihm „auf Augenhöhe“. (Dieses Wort ist im Gegensatz zu Demut heute sehr in Mode gekommen!) Allerdings: Wenn man die Bibel befragt, dann ist auch bei der Demut die „Augenhöhe“ überhaupt nicht in Frage gestellt. Demut gilt im Blick auf Gott. So wie bei unserem Bibelwort. Demütig sein vor Gott. Darum geht es. Sich und sein Leben vor Gott zu bringen, das geschieht eben auch auf Augenhöhe. Denn Gott sieht nicht auf mich herab, er sieht mich mit Barmherzigkeit und Güte an, weil ich sein geliebtes Kind bin.

In den Schriften Martin Luthers kommt das Wort Demut über 1.000-mal vor. Und auch dort erfahre ich das Gleiche: Demut ist eine Haltung, die eine Beziehung kennzeichnet, zuerst gegenüber Gott, aber auch gegenüber anderen Menschen. Denn Hochmut – das Gegenteil von Demut – kommt eben vor dem Fall. Vor dem Fall, der in der Bibel Sünde genannt wird. Sünde heißt nichts anderes als Gott nicht als Gott anzuerkennen, sondern sein zu wollen wie er. Mit Hochmut will der Mensch mehr sein als er ist. Er akzeptiert seine Grenzen nicht, er will ohne Gott leben und den Maßstab seines Lebens und Handelns nur aus sich selbst beziehen.

Das Wort „Hochmut“ mag aus der Mode gekommen sein. Weil es angeblich nicht politisch korrekt ist. Aber die Sache, die das Wort meint, ist heute so aktuell wie immer. Nicht nur im persönlichen, zwischenmenschlichen Bereich, wo es sich eingebürgert hat, von Arroganz zu sprechen statt von Hochmut.
Ich denke zum Beispiel an die medizinische Entwicklung und ihre Möglichkeiten. Da liegt nur ein schmaler Grat zwischen der Entscheidung, wo ein Leben erhalten und bewahrt werden muss oder wo dasselbe Leben künstlich verlängert wird, ohne Aussicht auf Heilung und Besserung. Wo findet der Dienst am Menschen in Demut seine Grenze und wo beginnt die hochmütige Entscheidung, selbst Herr oder Herrin über Leben und Tod sein zu wollen? Das ist ganz schwer zu entscheiden und schnelle Antworten nach Rezeptbuch gibt es nicht.

Hochmut bringt mich in Konflikt mit Gott, an dessen Stelle ich mich setzen will. Ich bin mein eigener Gott, der keine anderen Götter neben sich duldet.

Hochmut ist nichts, was man lernen *müsste*. Demut dagegen ist nichts, was man vor dem Spiegel einstudieren *könnte*. Mit einem demütigen Augenaufschlag ist es nicht getan. Auch damit kann man eigenwillig, rechthaberisch und hochmütig sein. Demut ist auch nicht dort zu finden, wo einer gleichgültig die Dinge laufen lässt. Demut hat nichts von Kadavergehorsam, sie hat nichts mit Unterwürfigkeit zu tun. Demut ist weder eine Sklavenhaltung, noch ist sie Ausdruck von Resignation, die einfach erduldet, was kommt. Sie ist vielmehr ein höchst aktives Tun, denn sie setzt meine souveräne Entscheidung voraus, mich selbst hintan zu setzen im Gehorsam gegenüber Gott und im Dienst des Nächsten. Nicht mehr und nicht weniger ist in der Bibel mit dieser heute so unpopulären Demut gemeint. Demut: Das ist in Wirklichkeit Ausdruck von Freiheit und Größe, zu der wir Menschen fähig sind, weil Gott uns so gewollt hat.

Vielleicht erinnert Sie das an ein anderes biblisches Wort, das übrigens auf das gleiche Wort für „demütig sein“ in der griechischen Ursprache des Neuen Testaments zurückgeht (Matthäus 23,12):

> *Wer sich selbst erhöht, der wird erniedrigt werden,*
> *wer sich selbst erniedrigt, wird erhöht werden.*

Demut ist, wie Luther sie versteht, das Einverständnis des Glaubens, dass Gott Gott ist. Nein, mehr noch, dass er mein Gott ist. Mein Gott, der für mich da ist.

Solche Demut lernt man nicht aus einer Tugendlehre, so glaube ich. Die kann man nur abgucken. Abgucken bei Jesus Christus selbst.

Menschen auf der Schattenseite des Lebens begegnen – Seelsorge auf der Straße, im Krankenhaus oder zu Hause

„Seid so gesinnt, wie Jesus Christus auch war" (Philipper 2,5) heißt es in einem anderen Brief des Neuen Testaments. Und wie war Jesus Christus gesinnt? „Demütig" bringt es wohl am besten auf den Begriff. Das Geheimnis seiner Person und seines Lebenswerkes ist seine Liebe zu Gott, dem Vater, und sein Gehorsam ihm gegenüber. Seine Gewissheit, mit dem Vater verbunden zu sein und zu bleiben, in allem, was kommt, selbst durch den Tod hindurch.

Gehorsamer Knecht und Herr zugleich. Jesus erschien nicht nur als Herr und strahlender Held, sondern zugleich als Diener der Menschen. Er band sich die Schürze um, um seinen Jüngern die Füße zu waschen, und blieb gerade deshalb ihr Herr und Meister, dem sie sich und ihr Leben anvertrauten. Denn in seiner Nähe wurden die Armen, die Leidtragenden, die Sanftmütigen und Barmherzigen – auch wieder so überkommene, aus der Mode gekommene Worte – ausgezeichnet und gepriesen. Die nach Gerechtigkeit schreien, die auf der Verliererseite des Lebens stehen, die sollen bei ihm das Leben in Fülle haben. Darum bleibt er in Demut zugleich Herr und Meister, von dem sich abzugucken lohnt, was diese Demut auszeichnet: das Moment des Selbstverzichts, das jeder Liebe zu eigen ist, die dem anderen wohl will.

Gott widersteht den Hochmütigen,
aber den Demütigen gibt er Gnade.

Es ist Gott selbst, der die Hochmütigen in ihre Schranken weist. Damit verbindet sich in diesem Wochenspruch eine gute Aussicht. Sie ist verknüpft mit der Zusage der Gnade. Die Gnade: Auch sie gehört zu den Worten, die aus der Mode gekommen sind und etwas verstaubt klingen. Der Inhalt aber, der unter der dünnen Staubschicht durchleuchtet, ist aufregend aktuell. Noch weniger als das Gegensatzpaar Hochmut und Demut ist die Gnade überholt.

Gnade ist etwas Wunderbares. Es gibt sie umsonst. Gratis. Sie fordert nichts. Keine Entscheidung und kein anderes Verhalten, keine Dankbarkeit. Gnade macht mir kein schlechtes Gewissen und sie drängt nicht auf Optimismus. Gnade, das ist das Wort, das einfach etwas zusagt: souverän und ruhig: „Der Gott aller Gnade wird euch aufrichten, stärken, kräftigen, gründen." So geht es nämlich weiter nach unserem Bibelwort. Gott wird Gnade geben. Das sollen wir wissen: Ob wir glauben oder zweifeln, ob wir hoffnungsvoll oder verzagt sind – Gott ist uns nah. Und er bleibt es auch. Auf diesen unverdienten Liebeserweis Gottes können wir uns verlassen. Denn sonst wäre Gnade nicht Gnade.

Es stimmt schon, in einer lebendigen Sprache sind auch Worte der Mode unterworfen so wie die Kleidung. Für mich aber bleiben manche Begriffe dennoch aktuell. Sie tragen mein Leben, weil die Sache nicht veraltet, die sie meinen. Zeitlose Mode eben.

So gibt es in der Bibel übrigens auch so etwas wie einen Tipp für eine Bekleidung, die nie aus der Mode kommt, weil sie Christinnen und Christen immer gut zu Gesicht steht. Und – wen wundert's – auch die Demut gehört zu diesem Ensemble:

> *So zieht nun an als die Auserwählten Gottes,*
> *als die Heiligen und Geliebten, herzliches Erbarmen,*
> *Freundlichkeit, Demut, Sanftmut und Geduld.*
> (Kolosser 3,12)

Dies rät Paulus den Christen in Kolossä.

Demut anziehen wie ein Kleid, dann sähe manches anders aus. Dies ist ein Bekleidungsvorschlag, mit dem uns nicht nur ein modischer Herbst verheißen ist.

3. Ein Segen sein

gelassen

Heimat

Einfachheit

Sehnsucht

Mut

hoffen

Bewegtheit

Nähe

aussäen

Überfluss

demütig

aufrecht

Lass dir an meiner Gnade genügen,
denn meine Kraft ist in den Schwachen mächtig.

Günther Barenhoff

Keine Chance für Ingo?

(2. Korinther 12,9)

Im Rahmen einer landeskirchlichen Visitation – ich gehörte zur Gruppe Diakonie – haben wir insbesondere zu den Menschen Kontakt bekommen, die diakonisch im direkten Sinn arbeiten: nah bei den Menschen.

Wer wissen will, warum – selbst in der neuesten Mac Kinsey Umfrage – Diakonie noch so viel Vertrauen hat, dort in der konkreten Arbeit findet er die Antwort. Ja, und es relativiert die Bedeutung, die wir uns als „Funktionäre" manchmal meinen geben zu müssen. Warum können diese oft ja sehr belasteten Mitarbeiterinnen und Mitarbeiter diesen Dienst tun? „Wissen Sie", sagte mir eine Frau, „wir geben, aber wir empfangen immer wieder auch unendlich viel."

Bei einem Rundgang in einer Werkstatt für Behinderte kam plötzlich eine junge Frau mit Down-Syndrom auf mich zu und sagte mit strahlendem Gesicht:
Ich bin gesund und kann hier arbeiten.

Sie sagte dies sehr laut, fast schreiend, sodass ihre Stimme den Lärm der Maschinen übertönte. Für einen Augenblick richteten sich alle Augen auf diese junge Frau und ich glaube, den anderen ging es wie mir: Wir waren beschämt und tief beeindruckt. Ich weiß nicht, welche Erfahrungen Sie mit Menschen mit Behinderungen gemacht haben:

Meine Kraft ist in den Schwachen mächtig.

Das habe ich immer wieder erfahren, bei dieser und auch anderen Begegnungen.

Ingo – nach seiner Geburt sagten die Ärzte seiner Mutter, er habe wohl keine Chance, älter als ein Jahr zu werden, und das wäre wohl auch gut so für ihn und seine Mutter – Ingo ist, als er 14 war, zwei Jahre in einer meiner Konfirmandengruppen gewesen:
Er ist mehrfach schwer körperlich und geistig behindert und an den Rollstuhl gebunden. Er kann weder schreiben noch lesen, aber er

Geben und empfangen – Behindertenfreizeit der Ev. Stiftung Volmarstein

kann sprechen und immer, wenn er zum Unterricht kam, ja auch immer, wenn wir mit ihm zusammen waren, strahlte er und war fröhlich. Wenn ich keine Lust zum Unterricht hatte, abgespannt war und in seine Gruppe kam, hat mich seine Dankbarkeit und Fröhlichkeit verändert.

Ein Ereignis werde ich nie vergessen: Wir sahen gemeinsam einen Film über das Leben Jesu. Während der Kreuzigungsszene schrie er plötzlich laut auf und rief: „Nein, nein, das dürft ihr doch nicht machen, das tut mir weh!“

Meine Kraft ist in den Schwachen mächtig.

Ich habe nie wieder mit Konfirmanden so ernsthaft, in einer solchen Tiefe über die Bedeutung von Kreuzigung und Sterben Jesu sprechen können. Konfirmanden neigen ja in diesem Alter oft dazu, den Ernst nicht zuzulassen, ganz abgesehen davon, dass diese Kreuzigungsszene für sie, die ja ganz andere brutale Bilder gewöhnt waren, völlig harmlos erschien. Aber Ingo hatte begriffen, verstanden, worum es da ging. Er war mit seinem Herzen ganz nah dabei und deswegen konnte er uns etwas geben, wozu wir nicht in der Lage waren.

Mit dem Herzen nah dabei – Begegnungsmöglichkeit Behindertenfreizeit

„Ich bin gesund und kann arbeiten", sagt eine behinderte junge Frau.

Warum kann sie das sagen: Weil sie in Beziehungen in dieser Werkstatt und in ihrer Wohngruppe offensichtlich so eingebunden ist, dass sie sich angenommen fühlt, das Einfache und Selbstverständliche noch wahrnimmt und dafür dankbar ist.

Mein Kraft ist in den Schwachen mächtig.

Wir brauchen Ingo und diese junge Frau, weil sie uns einen Spiegel vorhalten, weil sie uns in der Einfachheit und Spontaneität ihres Redens und Handelns wieder an Wahrheiten erinnern, die wir längst vergessen haben oder nicht mehr bemerken. Weil sie uns helfen, da, wo wir unzufrieden sind, uns über alles Mögliche beklagen oder meckern, die Maßstäbe wieder ins rechte Lot zu bringen.

Wir brauchen diese Begegnung mit den Menschen. Gerade auch wir, die wir ja immer seltener in diesen unmittelbaren Kontakt zu Menschen mit Behinderungen kommen. In der Regel kommen wir ja meistens nur indirekt mit den Zielgruppen diakonischen Handelns in Berührung: den Suchtkranken, den Wohnungslosen, den Alten und pflegebedürftigen Menschen, den Menschen mit Behinderungen.

Wir reden über sie, indem wir uns über Pflegeversicherung, BSHG oder Verwendungsnachweise den Kopf zerbrechen müssen. Aber doch wohl immer seltener mit ihnen.

Nur einmal im Monat anstelle eines der vielen Gremien wieder den Kontakt mit den Menschen suchen: Ich glaube, es würde der Diakonie und auch uns gut tun.

Aber wir brauchen sie auch, weil jede Begegnung mit ihnen eine neue Chance für unseren Glauben ist:

Lass dir an meiner Gnade genügen,
denn meine Kraft ist in den Schwachen mächtig.

Christoph Berthold

Trauer und Hoffnung zusammenhalten

Wir begehen den Volkstrauertag in diesem Jahr 2001 in einer besonderen Situation. Wir schauen mit Sorge nach Afghanistan. Wir sehen Frauen und Kinder auf der Flucht. Der Bundestag hat einem möglichen Einsatz der Bundeswehr im Krisengebiet zugestimmt. Zum ersten Mal seit dem Zweiten Weltkrieg werden deutsche Soldaten in außereuropäisches Krisengebiet entsandt. Die Erinnerung an den Zweiten Weltkrieg taucht bei vielen Menschen auf. Krieg ist schrecklich. Krieg ist grausam.

Im Zweiten Weltkrieg haben mehr als fünfzig Millionen Menschen ihr Leben verloren. Das europäische Judentum wurde nahezu vernichtet. In jeder Familie in Europa sind Tote zu beklagen: Väter und Söhne, die an den Fronten fielen. Mütter und Kinder, die im Bombenhagel starben. Gegner des Regimes, die der Terror der Nationalsozialisten hinrichtete. Die Wunden, die dieser Krieg geschlagen hat, schmerzen bis heute.

Deshalb bleibt die Erinnerung an den Krieg wichtig. Es ist vor allem eine Erinnerung an das Leid der Opfer. Es ist aber auch eine Erinnerung an die Verbrechen der Täter, damit solche Verbrechen nie mehr geschehen.

Jesus-Christuskirche Meinerzhagen

Evangelische Kirche Neuenrade

Gemeindezentrum Recklinghausen-Hillerheide

Christuskirche Finnentrop

Ich stieß vor einiger Zeit auf den letzten Brief eines jungen evangelischen Pfarrers unseres Kirchenkreises, der hier im Hochstift aufwuchs, zur Schule ging und in Höxter Abitur machte. Und dessen Familie noch lange Jahre hier gewohnt hat. Der Brief wurde im Sommer 1944 in Lettland geschrieben, zur Zeit, als dort die Ostfront zusammenbrach. Jener Pfarrer ist seitdem vermisst. Sein Name steht auf einem Grabstein hier auf dem Friedhof. Es war sein letzter Brief nach Hause. Er zieht eine Bilanz seiner Kriegserfahrungen und man meint zu spüren, dass er letztlich nicht mit seinem Überleben rechnete.

„Ich kann von mir sagen", schreibt er, *„dass meine Soldatenzeit in vieler, vieler Hinsicht eine Zeit geworden ist, in der ich Erfahrungen besonderer Art machen musste, und in der ich die Menschen kennen gelernt habe, so wie sie sind."*

Die Menschen kennen gelernt zu haben, so wie sie sind. Das muss wohl heißen: schrecklich in ihrem Hass. Rücksichtslos in ihrer Zerstörungswut. Zügellos beim Töten. Aber auch: Menschen, die zu Tode getroffen sind. Ins Verderben gestürzt von Sekunde zu Sekunde. Gequält und geschunden. Vorstellen können wir uns, was er mit diesen Worten gemeint hat; seine Erfahrungen jedoch, seine bittere Erkenntnis, diese *Erfahrungen besonderer Art*, können wir kaum erahnen. Sie machen seine Angehörigen bis heute betroffen und traurig.

Weiter heißt es in dem zitierten Brief: *„Wenn uns geschenkt wird, den Krieg gesund zu überleben und dereinst unser (Pfarr-)Amt wieder aufnehmen zu dürfen, dann kommen wir als andere Menschen zurück."*

Als andere Menschen. Das lese ich zuerst so: gezeichnet von den Erfahrungen des Krieges und hoffentlich nicht zerbrochen. Und das meint auch: nicht mehr verführbar durch nationalistische Hetze. Kritisch gegen Militarismus. Immun gegen jede Ideologie der Stärke. Stattdessen: aufgeschlossen für die früheren Feinde. Freundlich zu Fremden. Fähig, anderen Schwäche und Zerbrechlichkeit zuzugestehen. Eben *„anders"* als die nationalsozialistische Propaganda die Menschen wollte.

„Ungebrochen ist die Sehnsucht zum (Pfarr-)Amt“, so endet der Brief, *„der Wunsch, arbeiten zu dürfen, wie es sein muss. Wann darf das geschehen?“*

Dieser Wunsch ist dem jungen Pfarrer nicht erfüllt worden. Es war ja eigentlich kein großer Wunsch, *so arbeiten zu dürfen, wie es sein muss.* Aber für die Kriegsgeneration war dies die Sehnsucht schlechthin: endlich nicht mehr ums Überleben kämpfen müssen. Endlich nicht mehr das Sterben sehen müssen. Endlich menschlich leben können. Endlich Liebe und Verständnis erfahren.

Sich an die Opfer des Weltkrieges zu erinnern, bedeutet, ihre verzweifelte Angst vor dem Tod und ihre Hoffnung auf Leben zusammenzuhalten. Ihr Leiden und ihre Sehnsucht miteinander zu verknüpfen. Ihre Verzweiflung und ihre Träume nicht zu vergessen. *Ich habe die Menschen kennen gelernt, so wie sie sind.* Und *ungebrochen ist die Sehnsucht ..., so arbeiten zu dürfen, wie es sein muss.*

Friedhofkapelle Lüdenscheid

Sich an die Opfer des Weltkrieges zu erinnern meint auch, dass wir *unsere Trauer* und *unsere Hoffnung* zusammenhalten, damit eine gute Zukunft entstehen kann. Das heißt in diesen Wochen auch: den Frieden in Afghanistan mit friedlichen Mitteln zu verfolgen. Nicht der Logik des Krieges folgen. Humanitäre Hilfe anbieten. Flüchtlingen Unterkunft gewähren. Frauen und Kinder schützen. Und es bedeutet in unserem Land, das Gespräch mit den Fremden, mit Muslimen und zugewanderten Mitbürgerinnen und Mitbürgern zu suchen.

Trauer und Hoffnung zusammenhalten. Den Kirchen kommt dabei eine besondere Aufgabe zu. Nämlich, unser kollektives Gedächtnis zu stärken. Menschen, die Opfer wurden, wahrzunehmen in ihren Erfahrungen, in ihrer Angst und Verzweiflung. Ihre Not nicht zu vergessen. Und darüber hinaus für sie zu hoffen. Ihre Sehnsucht in unsere Lebenswünsche zu integrieren. Trauer und Hoffnung zusammenzuhalten.

Evangelische Kirche Plettenberg

Siehe da, die Hütte Gottes bei den Menschen!
Und er wird bei ihnen wohnen,
und sie werden sein Volk sein und er selbst,
Gott mit ihnen, wird ihr Gott sein!

Christel Schibilsky

Die Hütte Gottes

(Offenbarung des Johannes 21,3)

Die Hütte Gottes bei den Menschen,
Gottes Haus für die Menschen!

In so einem Haus war ich noch nie! Ein ganz besonderes Haus habe ich letzten Mittwoch betreten, in Gladbeck-Zweckel: Dort fand die zweite Aktionswoche des von der Bundesregierung mitgeförderten Projekts unserer westfälischen Aussiedlerarbeit „Ankommen – Angenommen – Aussiedler unter uns“ statt.

Das Herzstück ist die erstellte Wanderausstellung zur Geschichte der Russlanddeutschen. Aus den ersten Planungen seit Anfang des Jahres für eine Ausstellung mit Stellwänden, Informationstafeln

Das Russlanddeutsche Haus – Erinnerung an Heimat und Flucht

und Bildern hat sich schließlich das *Russlanddeutsche Haus* entwickelt – ein Haus aus weißen Stellwänden, typisch für die Häuser z. B. an der Wolga mit blauen Tür- und Fensterrahmen. 6 x 7 m ist es groß.

Und die Menschen kommen in dieses Haus: Alte und Junge, Schulklassen und Kindergartengruppen, Frauen und Männer, Russlanddeutsche und Einheimische. Alle betreten das Haus und kommen zuerst in die russlanddeutsche Stube: Die Russlanddeutschen erkennen alles wieder: den Tisch mit der Wachstuchdecke und dem Samowar darauf und den Tassen, das alte weiße Metallbett mit dem weißen Häkelüberwurf und der aufgeschlagenen Bibel. Links sind zwei Türdurchgänge.
Der zweite Durchgang führt in den Raum des Gebets: den Betsälen der lutherischen Brüdergemeinen nachempfunden und mit Erinnerungsgegenständen daraus versehen: Kirchbänke, der Spruch an der Wand, der auf Christus verweist, das Kreuz, das handgeschriebene Gesangbuch, das ebenfalls handgeschriebene Notenbuch, die Lutherbibel aus dem 18. Jahrhundert.
Die erste Tür gleich links führt in einen ganz besonderen Raum. Es ist ein imaginärer Raum, den es im konkreten Erinnern der Russlanddeutschen nicht gegeben hat und gibt, wohl aber in ihrem Herzen. Dieser Raum ist der „Raum des Gedenkens", der zum Stillesein und zur Meditation einlädt. Der über 70-jährige russlanddeutsche Künstler hat für diesen Raum ein abstraktes Bild gemalt, das als einziges über die Wand hinausragt und auch den Stacheldraht durchbricht, der hier in diesem Raum oben die Wände abschließt. Das helle Gemälde mit dem aufstrebenden Licht öffnet Raum und Zeit zum Himmel. Es ist ein ganz meditativer Raum mit schlichten grauen Bänken zum Sitzen. An der Wand schmale Tische, die den Pritschen der Internierungslager des stalinistischen Terrors nachempfunden sind, in die die Deutschen verschleppt wurden. An den Wänden Fotos und Lebensgeschichten von Verschleppten und Umgekommenen, deren Geschichten für viele stehen.

Das Haus – eine nicht gewöhnliche Ausstellung. Nicht nur das Informationsbedürfnis wird befriedigt. Das Russlanddeutsche Haus zeigt anschaulich viel vom Leben russlanddeutscher Menschen in der ehemaligen Sowjetunion – wie sie beheimatet waren trotz Umsiedlung und Verschleppung, trotz Verfolgung und Diskriminierung –

beheimatet in ihren Häusern, die sie sich immer an den verschiedenen Orten aufgebaut haben, und waren sie noch so bescheiden und armselig.

Auch hier bei uns in der fremden Heimat Deutschland setzen sie alles daran, wieder ein Haus zu haben, Heimat und ein Zuhause. Und Heimat – das war für viele, vor allem die Älteren, auch der Versammlungsraum, der Betsaal, nachdem die großen lutherischen Kirchen des 18. Jahrhunderts von den Sowjets enteignet und zum Teil zerstört waren. Heimat und Zuflucht in den Häusern der Familien und in Gottes Haus.

Maria Tews, die russlanddeutsche Mitarbeiterin, die für das Projekt gewonnen werden konnte, erzählt unseren Ausschussmitgliedern von ihren Erlebnissen als Ausstellungsführerin. „Wir wussten, dass wir eine gute Ausstellung erstellt haben und damit unterschiedlichen Menschen viel vermitteln können. Aber womit ich nicht gerechnet habe: mit welcher Intensität ganz viele dieses Haus erleben. Das ist schön und bewegend. Aber das ist auch anstrengend und geht mit und muss verarbeitet werden. Ganz abgesehen davon gibt es ganz konkrete ‚Nacharbeit', Menschen, die wiederkommen, die anrufen, Informationen haben wollen; Menschen, die sprechen wollen über ihre Erlebnisse – und viele, die still für sich manchmal lange im Haus bleiben." Und sie erzählt: „In der Stube – eine Frau, die an dem Bett mit der aufgeschlagenen Bibel bitterlich weint; im Betsaal und im Raum des Gedenkens: Hierher kommen gerade auch ältere Männer – und setzen sich –, manchmal kommen sie an den folgenden Tagen wieder: Es sind nicht nur Russlanddeutsche, sondern auch Einheimische, ehemalige Angehörige der deutschen Wehrmacht, die als Soldaten in Russland waren."

Menschen finden in diesem Haus wieder, was sie verloren haben, finden wieder, was sie nicht – wohl nie – ganz loslassen können. Hier begegnet ihnen ein Teil ihrer Lebens- und Familiengeschichte, schön und schmerzlich zugleich. Und die Dokumente, die anschaulichen Lebenszeugnisse berühren auch die Nicht-Betroffenen. Wie gut, wenn Menschen wieder ein Haus finden können, nachdem sie alles verloren haben. Es ist schwer, nach allem Erlebten eine Zuflucht zu finden, anzukommen in einer Welt, die fremd ist: wirklich ankommen – und auch angenommen werden.

Die Lyrikerin jüdischer Abstammung aus Czernowitz, Rose Ausländer, hat Heimat in einem Haus nach dem Überleben des jüdischen Ghettos im Exil in den USA und schließlich in Deutschland nicht wieder finden können. Sie hat nie wieder in einer eigenen Wohnung gewohnt, sondern in Hotels, Pensionen, möblierten Zimmern. Ihre Gedichte – an ihrem Lebensende waren es 3.000 – bewahrte sie in Koffern auf. Sie blieb die Fremde, die „Ausländer", so ihr Name, den sie durch ihre frühe Heirat angenommen hatte und der zeichenhaft ihr Leben darstellt!

> Mein Vaterland ist tot,
> sie haben es begraben im Feuer.
> Ich lebe in meinem Mutterland
> Wort.

Allein das Wort, die Sprache, die Poesie verhießen Möglichkeiten zu leben, zu überleben. „Der unerträglichen Realität gegenüber", so erinnerte sie sich, „gab es zwei Verhaltensweisen: Entweder man gab sich der Verzweiflung preis, oder man übersiedelte in eine andere Wirklichkeit, die geistige. Wir zum Tode verurteilten Juden waren unsagbar trostbedürftig. Und während wir den Tod erwarteten, wohnten manche von uns in Traumworten – unser traumatisches Heim in der Heimatlosigkeit. Schreiben war Leben, Überleben."

Das Leben geriet Rose Ausländer, die an das Wunder und die verbindende Kraft des Wortes glaubte, am Ende selbst zum poetischen Text, zur „Traumwirklichkeit" aus Worten – die ihr Leben ganz bestimmte: Sie lebte nur noch mit den ihr verbliebenen Kräften für ihr Schreiben: ihr letztes Gedicht – kurz vor ihrem Tod (1988) geschrieben:

> Der Traum
> lebt
> mein Leben
> zu Ende.

Die letzten zehn Jahre ihres Lebens verließ sie ihr Zimmer im jüdischen Altersheim in Düsseldorf nicht mehr – auch nicht ihr Krankenlager, ihre „Matratzengruft". Nach einem Unfall und dazukommenden organischen Erkrankungen beschloss sie für sich, die

Außenwelt nur noch ganz begrenzt zu sich zuzulassen, das Bett nicht mehr zu verlassen, sie lebte, um zu schreiben! Vielleicht hat sie in dieser Lebensphase, in physischer und psychischer Not, ihre hoffnungsvollsten Gedichte geschrieben:

Der Dichter

fügt wieder zusammen
das zerstückelte Lied

Von Splittern zerrissen
sein Wort
trägt fort der Blutstrom

treibt es
zum Herzen

Verwundet.
kittet er
die zersprungene
Scheibe
Zeit

Dennoch Rosen ...

Dennoch Rosen
sommerhoch
Schmetterlinge
Möwenschwingen
überm Fluss

Nein
ich vergesse nicht
die eingebrannten Jahre
ich vergesse nicht
daß Stiefel
den Regenbogen zertraten
daß sie sich rüsteten
uns zu verwandeln in
Feuerrosen Feuerfalter Feuerschwingen

dennoch sommerhoch
der Duft
die Doppelflügel überm Fluss
das Gold auf meiner Haut

und die toten Rosen
nach der Nacht

Am Ende der Zeit

Wenn der Krieg beendet ist
am Ende der Zeit

gehn wir wieder spazieren
in der Muschelallee
einverstanden
mit Mensch und Mensch

Es wird schön sein
wenn es sein wird

am Ende der Zeit

*Die gute Stube –
eine neue Heimat finden
in Westfalen,
auch in der Kirche*

Annette Kurschus

Mein Geheimnis mit Schwester Lydia

(Jakobus 4,10)

Demütigt euch vor dem Herrn, so wird er euch erhöhen.

Gerade sieben Jahre war ich alt, als unsere Familie aus dem hessischen Dorf an der thüringischen Grenze, wo ich aufgewachsen bin, nach Siegen zog. In einen Landstrich also, wo „Demut" – oder sagen wir lieber: ein sehr spezielles Verständnis von „Demut" – eine ganz besondere Rolle spielt. Und damit verbunden ein strenger, teilweise beängstigender Eifer, durch solche Art von Demut von Gott erhöht zu werden.

Demütigt euch vor dem Herrn, so wird er euch erhöhen.

Ich könnte jetzt viel Kluges über diesen Satz sagen. Darüber, wie er auf keinen Fall verstanden werden darf. Darüber, wie er die Menschen deckeln und verkorksen kann; schlimmer noch: Wie er es immer wieder schafft, Menschen seelisch krank zu machen und damit einer „Kirche mit Zukunft" geradezu entgegensteht.

Ich könnte demgegenüber beredt belegen, dass „Demut" im Gesamtzeugnis der Bibel als eine ganz und gar aufrechte, wichtige, sehr mutige Lebens- und Glaubenshaltung erscheint; dass wir also recht verstandene Demut für eine „Kirche mit Zukunft" bitter nötig haben. Ich könnte daran erinnern, wie die Bewegung „sich selbst demütigen bzw. erniedrigen und erhöht werden" im Philipperhymnus am Beispiel Jesu in großartiger Weise besungen wird.
Aber das alles will ich nicht tun – und stattdessen ganz schlicht erzählen. Erzählen von einem Menschen, der mir schon sehr früh – ohne es zu wollen, vermutlich auch ohne es zu ahnen – eine bis heute wirksame Predigt über Demut und Erhöhung und deren tiefen inneren Zusammenhang hielt.
Keine theologische Exegese von Jakobus 4,10. Keine flammende Rede über eine „Kirche mit Zukunft". Oder doch …?

Schwester Lydia, Marburger Diakonisse, war Gemeindeschwester in der Siegener Altstadt. Ihre kleine Wohnung lag Wand an Wand zu meinem Zimmer im Pfarrhaus. Fast täglich bekam ich sie zu sehen: Wenn sie von Haus zu Haus in der Gemeinde ging, um ihre Schützlinge zu betreuen; wenn sie die Frucht auf ihrem kleinen Nutzgärtchen hinter dem Haus begutachtete; oder wenn sie zu Dienstgesprächen zu meinem Vater kam.

Salz der Erde – Motto des Evangelischen Kirchentags Stuttgart 1999

Schwester Lydia sprach oft von Demut. Im Kindergottesdienst, wenn sie uns biblische Geschichten erzählte. Und nach allem, was ich als Kind von diesem seltsamen Wort zu verstehen meinte, fand ich: Schwester Lydia lebte auch demütig. Ganz anders jedenfalls als wir nebenan im Pfarrhaus. Vielleicht machte mich deshalb ihre Lebensweise so neugierig.

Schwester Lydia war immer gleich gekleidet. Sommer wie Winter; ob brüllende Hitze brütete oder klirrende Kälte herrschte. Sie trug ihre schwarze, manchmal auch tief dunkelblaue oder graue Tracht mit weißem Kragen und weißer, gestärkter Haube. Tagein, tagaus. Was hätte ich darum gegeben, ein einziges Mal ihre Haare zu sehen! Es war mir nie vergönnt.

Schwester Lydia lebte leise und unauffällig. Nie habe ich sie abfällig über andere reden hören.

Auch schimpfte sie nicht. Sie guckte höchstens streng und (was für mich viel schlimmer war) ein bisschen traurig, wenn meine Brüder ihre Musik zu laut hatten. Oder wenn unser Ball in ihr Erdbeerbeet geriet. Auf rätselhafte Weise blieb sie immer gleich. Was mir als Kind einerseits imponierte, andererseits aber auch unheimlich war. Oft habe ich gedacht: Die muss doch auch mal böse werden. Oder wütend. Die muss sich doch auch mal richtig freuen können oder begeistert sein. Dass dies auch bei älteren Frauen möglich ist, wusste ich ja schließlich von meinen Omas …

Schwester Lydia besaß so gut wie nichts. Einige Male war ich in ihrer Wohnung. Da gab es einen Tisch. Und Stühle. Und einen Schrank. Und ein Bett. Das war's. Diese Einfachheit übte einen eigenartigen Zauber auf mich aus. Zugleich erfüllte sie mich mit fröstelndem Befremden. Meistens ging ich ganz schnell, fast fluchtartig wieder weg und ließ die Diakonisse mit ihrer Kargheit allein.

Ja, sie weckte viele Phantasien in mir, diese Schwester Lydia. Und ich mochte sie. Sehr sogar. Vielleicht lag das daran, dass es da ein Geheimnis gab. Ein Geheimnis, das ich ihr nie verraten habe. Und das uns doch nach meinem Empfinden bis heute verbindet.

Jeden Morgen – ganz früh, wenn die andern im Haus noch schliefen – war da ungefähr eine Viertelstunde, in der ich ahnen konnte, was in dieser scheinbar leidenschaftslosen Frau auch noch steckte: ein Mensch voller Temperament und Lust am Leben. Ein Mensch, der ausgelassen sein konnte und laut und gar nicht nur moderat und wohltemperiert.

Wenn sie in aller Frühe aufstand, lag ich auf der anderen Seite der Wand noch im Bett. Lange vor dem Klingeln des Weckers wurde ich wach durch ihren Gesang. Jeden Morgen. Sie hatte ein Lieblingslied, ein Loblied. Das kam oft. Ich nehme an, sie sang es beim Waschen oder beim Anziehen ihrer Diakonissentracht. Jedenfalls schallte es von ganz dicht jenseits der Wand zu mir herüber:

Lobt froh den Herrn, ihr jugendlichen Chöre!
Er höret gern ein Lied zu seiner Ehre:
Lobt froh den Herrn, lobt froh den Herrn!

Ich werde das nie vergessen, wie sie sang. Viel zu hoch fing sie an. Was fatal war – weil es in der Melodie ja am Schluss der Strophen noch einmal so richtig in die Höhe geht. Sie schaffte das. Nicht schön. Aber mit Kraft. Und mit Herz. Und mit so viel leidenschaftlichem Gefühl, wie sie es sonst vor den Menschen niemals an den Tag legte. Sie schmetterte so richtig.

Ich liebte diese kleine Zeremonie am frühen Morgen. Dann war ich ihr ganz nah und stellte sie mir vor: Wie sie sich zu ihrem Gesang bewegte. Vielleicht noch ohne Tracht und ohne Haube. Vielleicht mit ganz schönen, langen Haaren …? Ich spürte schon damals als Kind ganz deutlich: Sie sang nicht für die Menschen. Sie sang für Gott. Nur für ihn.

Ich glaube, sie hat wirklich nicht im Entferntesten geahnt, dass ich ihr zuhören konnte. Verraten habe ich es nie. So wie sie sang, so singt nur jemand, der sich ganz allein wähnt. Ganz allein mit Gott, dem sein Loblied gilt. So wie sie sang, so singt keiner, der auf andere Menschen wirken will. So singt keiner, der sich fragt: „Wie klingt das wohl?“

Demütig eben. Und ausgerechnet dabei schien sie mir so stark und so groß, so froh und so mutig wie sonst nie. Erhöht. Erhöht durch und vor Gott, der allein mit im Raum ist und sein singendes Geschöpf liebevoll im Blick und im Ohr hat.

Seit diesen Jahren meines Geheimnisses mit Schwester Lydia habe ich ein ganz eigenes, von tiefer Zuversicht geprägtes Verhältnis zu Demut und Erhöhung. Erst viel später konnte ich das Erleben von damals in theologische Kategorien fassen.

Demütigt euch vor dem Herrn, so wird er euch erhöhen.

Durch Schwester Lydia habe ich gelernt, dass Gott offenbar sehr aufmerksam dafür sorgt, dass da bei uns etwas ins angemessene, rechte Lot kommt. Selbst wenn einer sich vor den Menschen klein und grau und unscheinbar macht: Vor Gott hat er eine Größe, die ihm nicht genommen werden und deren er sich auch nicht selbst begeben kann.

Jeden Morgen hat Gott über Jahre hinweg diese tiefe theologische Einsicht in mein Herz gepflanzt.

Wenn die Diakonisse nebenan sang wie eine, die ihren Platz vor Gott einfach einnimmt und ausfüllt und genießt. Selbstverständlich. Aufrecht. Und darin ganz stark.

So ist der menschliche Platz vor Gott: niedrig. Begrenzt. Von Gott gewollt. Und hoch angesehen. Und gerade darin voller Würde. Indem der Mensch diesen Platz annimmt, sich „erniedrigt" bzw. „demütigt", macht er Ernst mit seiner Bestimmung als Gottes Gegenüber. Wir müssen nicht sein wie Gott. Auch nicht als Kirche. Gott sei Dank! Wir dürfen zu unseren Grenzen stehen. Müssen wissen, dass unser Vermögen in vielem klein und schwach ist.

Und gerade dieses Wissen mag uns aufrecht und gelassen und mutig machen, in unserm begrenzten Maß das Wichtige und Gebotene zu tun – und das Schädliche zu lassen. Mit ganz natürlicher Würde. Frei von dem Wahn, alles selbst in der Hand zu haben. Entlastet von der Bürde, vor Menschen grandios dastehen oder wirken zu müssen und dadurch groß und attraktiv zu werden. Demütig – und gerade darin erhöht.

Mein Geheimnis mit Schwester Lydia ist für mich nicht einfach nur eine rührende Anekdote aus der Kindheit. Es sprengt für mich den vertrauten Rahmen zwischen Pfarrhaus und Diakonissenwohnung. Demütig vor Gott sein; an der Seite derer, die ganz unten oder ganz draußen oder ganz anders sind; bisweilen selbstvergessen – in der Gewissheit, dass Gott uns nicht vergisst und selbst Ausgleich schafft und das Niedrige erhöht: Das hat für mich ganz viel mit Gerechtigkeit zu tun. Mit Solidarität. Und mit wahrgenommener Verantwortung in der Welt. Es hat für mich zu tun mit einem Gottvertrauen, das nicht einschläfert und blauäugig macht, sondern befreit und aufweckt und die Sinne schärft.

Ihr seid das Salz der Erde – das heißt demütig und hoch angesehen, mit Herz und Leidenschaft

Mit „Salz der Erde" und „Licht der Welt". Es hat für mich tatsächlich zu tun mit unserer Kirche und ihrer Zukunft.

Hans-Martin Lübking

Verschwendung als Methode

(Markus 4,3 – 9)

In den vergangenen 20 Jahren hat die Evangelische Kirche von Westfalen mindestens zehn Hauptvorlagen beraten – zum Beispiel: „Zukunft der Arbeit", „Schöpfungsverantwortung", „Wenn eure Kinder euch fragen", „Gemeinschaft von Frauen und Männern", „Ohne uns sieht eure Kirche alt aus" und zuletzt „Gott hat sein Volk nicht verstoßen".

In derselben Zeit hat die EKD etwa 30 Studien und Denkschriften verabschiedet: zu den neuen Medien, zu Christen und Juden, zum Religionsunterricht, zur sozialen Gerechtigkeit, zu Mission und Evangelisation, jetzt zuletzt zur Friedensethik. Jede Woche werden allein in Westfalen in weit über 1.000 Kirchen, Kapellen, Schulen und Krankenhäusern evangelische Gottesdienste gefeiert und Andachten gehalten.
Offen gefragt: Müsste die Welt nicht langsam etwas christlicher aussehen? Warum ist von Gottes Herrschaft auf Erden, trotz dieses ganzen Aufwands, so wenig zu sehen?

Im 4. Kapitel des Markusevangeliums heißt es:

> *Und Jesus erzählte ihnen dieses Gleichnis: Siehe, es ging ein Sämann aus zu säen. Und es begab sich, indem er säte, dass einiges auf den Weg fiel; da kamen die Vögel und fraßen's auf. Einiges fiel auf felsigen Boden, wo es nicht viel Erde hatte, und ging alsbald auf, weil es keine tiefe Erde hatte. Als nun die Sonne aufging, verwelkte es und weil es keine Wurzel hatte, verdorrte es. Und einiges fiel unter die Dornen, und die Dornen wuchsen empor und ersticken's, und es brachte keine Frucht. Und einiges fiel auf gutes Land, ging auf und wuchs und brachte Frucht, und einiges trug dreißigfach und einiges sechzigfach und einiges hundertfach. Und er sprach: Wer Ohren hat, zu hören, der höre!*

Was für ein merkwürdiger Sämann! Anstatt erst zu pflügen, sät er einfach auf das Stoppelfeld. Sät auf den Trampelpfad, den die Nachbarn getreten haben. Sät unter das Gestrüpp, sät auch unter die Disteln und auf den kalkigen Felsen. Was für eine Verschwendung! Drei viertel der Aussaat sind dahin: Die Vögel picken es weg, die Sonne verdorrt es, die Dornen ersticken es. Er brauchte mal eine landwirtschaftliche Beratung, der Sämann, eine Kosten-Nutzen-Analyse, am besten gleich eine Organisationsberatung, damit er lernt, rationell vorzugehen und effektiv zu arbeiten. Denn das haben wir doch gelernt: Ohne Beratung, ja ohne Werbekampagne und Kirchenmarketing kann man heute nicht mehr viel bestellen.

Was Jesus hier vom Sämann erzählt, erzählen die Evangelien von Jesus selbst. Er verschwendet seine Worte an einfache Leute, er geht nicht zur Prominenz und wendet sich nicht an die Spitzen der Gesellschaft, sondern geht zu bedeutungslosen Fischern, zu unbekannten Landarbeitern, zu einflusslosen Frauen.

Hätte es damals schon Organisationsberatung gegeben, hätte Jesus sein junges Unternehmen von McKinsey und Partner, Zweigstelle Jerusalem, untersuchen lassen (nebenbei gesagt: Er hätte es ja gar nicht bezahlen können), dann wäre das Ergebnis wohl vernichtend ausgefallen: kein klares Leitbild, keine marktfähigen Produkte (Feindesliebe?), keine erkennbare Planung, zu wenig Kundenorientierung, zu wenig Teamarbeit.

Zweitausend Jahre ist so gesät worden: verschwenderisch, in alle vier Winde, auf jedes Land, unter Gerechte und Ungerechte. Es wurde gepredigt, getauft, konfirmiert – ohne Erfolgsgarantie. Es wird getagt, veranstaltet, viel Christliches geschrieben, gedruckt und gelesen – oft scheint es so, als ob die ausgetretenen Pfade dadurch nur noch ausgetretener werden.

Wird in der Kirche nicht oft unökonomisch, ineffektiv gearbeitet? Muss in der einen Gemeinde genau dasselbe gemacht und angeboten werden wie in der Nachbargemeinde, die zwei Kilometer entfernt liegt? Wie viel Zeit, kostbare Lebenszeit, haben die, die in der Kirche mitarbeiten, nicht schon in überflüssigen und unergiebigen Sitzungen geopfert? Brauchen wir nicht Leitungsstrukturen in der Kirche, in denen Leitung, in denen auch Personalförderung wirklich wahrgenommen werden kann? Jede und jeder könnte hier vermutlich noch weitere Beispiele nennen.

Es ist in der Tat alles andere als zweitrangig, wie wir in der Kirche mit dem Geld umgehen oder ob unsere Strukturen nicht in den 60er Jahren stehen geblieben sind. Aber das wirklich Entscheidende passiert woanders, das letztlich Entscheidende müssen wir nicht selbst tun: Es wächst von selbst!

Von Gott in bunten Farben erzählen – Erlöserkirche Elsen

Verschwenderische Pracht als Bild für Gottes Botschaft – Anstaltskirche Volmarstein

Gemeindezentrum Wichlinghofen

Unsere Aufgabe ist es, den Samen auszuwerfen. Immer wieder, jeden Tag. Samen, nicht Konfetti – nicht die süßen Worte und Bilder der Erlebnis- und Wellnessreligion, sondern das oft unbequeme, fremde Wort Gottes, das auch Widerspruch auslöst.

Nicht jedes Samenkorn geht auf. Ein Ausleger des Gleichnisses sagt: „Der normale Erfolg des Wortes Gottes ist der Misserfolg." Drei viertel des Saatgutes gehen in dem Gleichnis verloren. Nicht, weil wir die Menschen nicht mehr erreichen. Unsere Zeitgenossen sind von der Kirche, vom Wort Gottes noch nie flächendeckend so stark erreicht worden wie zur Zeit. Aber das gehörte Wort stößt bei ihnen genauso wie ja auch bei mir auf tausend Widerstände.

Darum ist, wenn es um das Evangelium geht, Verschwendung die einzig sachgemäße Methode. Wohlgemerkt, ich rede vom Evangelium, nicht von der Kirche. Mit dem Evangelium darf man nicht geizen. Denn keiner kann im Voraus wissen, wo die Samenkörner guten Boden finden. Unter den als strenggläubig bekannten Kreisen sind Jesu Worte damals nicht auf fruchtbaren Boden gefallen.

Hüten wir uns also, andere Menschen als „Karteileichen" oder „Kirchenferne" abzuqualifizieren oder einzelne Gegenden und Stadtteile als „steinigen Acker" abzuwerten. Wie der Sämann haben wir überall mit der Möglichkeit guten, fruchtbaren Bodens zu rechnen. Bis zur Ernte sollten wir uns mit Spekulationen zurückhalten. Dann ist immer noch Zeit zum Staunen: dreißig-, sechzig-, hundertfache Frucht dort, wo wir nur Felsen und Gestrüpp vermutet hatten.

Es ist in diesen Tagen in Bethel nur eine Landessynode, es ist nur eine rot-blaue Schrift mit dem Titel „Kirche mit Zukunft", es sind nur 222 ganz normale Menschen, die sich hier versammeln, es sind nur einige wenige Tage im November – und doch werden hier Samenkörner ausgeworfen, die irgendwann aufgehen werden, die sogar Frucht bringen werden: fünffach, zehnfach, vielleicht sogar hundertfach. Das ist es, wovon die Kirche lebt. Sie ist das älteste Unternehmen der Welt – zweitausend Jahre alt. Und hat noch nie pleite gemacht. Nicht weil wir in der Kirche immer die besten Führungskräfte, leitenden Angestellten oder Betriebswirte gehabt hätten –, sondern weil ein Sämann ausgeht, zu säen, immer wieder.

Bleibend erwählt

(Römer 11,2)

In jüngster Zeit haben sich an vielen Orten Menschen darangemacht, die leidvolle Geschichte der jüdischen Bürger an ihrem Ort zu erforschen. In der Regel enden diese Beschreibungen mit der Feststellung, dass heute keine Jüdinnen und Juden mehr am Ort wohnen. Aber auch dort, wo die jüdischen Nachbarn nicht mehr leben, gibt es Erinnerungen und Spuren. Gedenktafeln und Mahnmale erinnern an den Novemberpogrom des Jahres 1938 und an die Schoah. Hin und wieder sind ehemalige Synagogen und jüdische Wohnhäuser, häufiger jedoch die jüdischen Friedhöfe erhalten geblieben.

In Westfalen gab es vor 1938 ungefähr 300 Synagogen, zum Teil kleine Betstuben auf dem Land, aber auch eindrucksvolle Gottesdiensträume in den Städten. Nahezu in jedem Dorf, in dem mindestens zehn religionsmündige Juden lebten, wurde in einer kleinen Synagoge gebetet und Gottesdienst gefeiert.

Landesrabbiner Dr. h.c. Henry G. Brandt und Präses Manfred Sorg – Gemeinsames und Trennendes benennen

Voneinander lernen – Thoramantel aus blauem Samt (um 1900), Jüdisches Museum Dorsten

In großen Buchstaben stand das Wort aus Maleachi 2,10 über dem Eingang der Synagoge in Brakel:

> *Haben wir nicht alle einen Vater,*
> *hat nicht ein Gott uns erschaffen?*

Die jüdische Gemeinde Soest hatte sich eine Ordnung gegeben, in der es hieß:

> *Er (der Vorstand) muss stets sein Augenmerk dahin richten, dass zwischen seiner und anderen Religionsparteien keine Zwietracht entsteht, kein Ärgernis geben, sondern gutes Einverständnis erhalten, damit die Wahrheit allgemein anerkannt werden möge, dass alle Religionen, die ein einziges Wesen verehren, im Grunde nur Schwestern, alle Menschen aber Kinder eines Vaters sind.*

Die Christinnen und Christen in jener Zeit wollten die gemeinsamen Wurzeln im Glauben nicht sehen. Als in den zwanziger Jahren ein Rabbiner in Dorsten eine Trauerfeier halten sollte, jedoch seinen Talar vergessen hatte, half ihm der evangelische Pfarrer mit einem Talar aus. Ein Gemeindeglied stellte anschließend die Frage, ob der Pfarrer diesen Talar denn weiterhin tragen wolle.

Das Problem christlicher Überheblichkeit und Arroganz: Aus der Deutung des Anspruchs Jesu und seines Geschicks hat die christliche Kirche immer wieder ein Sendungsbewusstsein abgeleitet, in dessen elitärer Entfaltung sie sich als alleinige Besitzerin der Wahrheit missverstand und die Möglichkeit eines gleichberechtigten eigenen jüdischen Weges kategorisch bestritt. Sie kultivierte einen verhängnisvollen Antijudaismus, der maßgeblich dazu beitrug, den millionenfachen Mord an der Judenheit Europas in Gang zu setzen und zu rechtfertigen.

Angesichts dieser Erkenntnis kann die Kirche nur ihre große Schuld bekennen. Sie hat eigene zentrale Glaubensaussagen mit Fehlurteilen über das Judentum verquickt und die Unterschiede zwischen Christentum und Judentum antijüdisch interpretiert. Die christlichen Vorurteile und das Fehlverhalten gegenüber dem Judentum bedürfen nachhaltiger Aufarbeitung.

Thorarolle (um 1830), Jüdisches Museum Dorsten

Gott hat sein Volk nicht verstoßen, das er zuvor erwählt hat (Römer 11,2). Sein Bund mit Israel ist ungekündigt. Gott ist treu. Weil er sein Volk nicht loslässt, sondern Gott nur ist und sein will mit seinem Volk, können Christen ihn nicht losgelöst von seinem Volk betrachten. Diese Einsicht ermöglicht es, Israel nicht danach zu beurteilen, ob es Jesus als Messias anerkennt oder nicht. Sie öffnet die Augen dafür, dass Israel seinem eigenen Weg mit Gott in Treue zu entsprechen sucht und gerade so Zeuge Gottes vor der Welt ist. Die Kirche darf sich nicht an die Stelle Israels setzen.

Der Dialog zwischen Juden und Christen lebt davon, dass beide das Zeugnis von der erfahrenen Wahrheit ihres Glaubens nicht zurückstellen, sondern in das Gespräch einbringen und im Bemühen um gegenseitiges Verständnis aufeinander hören (Text von der 4. Vollversammlung der Leuenberger Kirchengemeinschaft 1994 in Wien).

> *„Möglicherweise wird man einmal in Bezug auf das genannte Thema die Amtszeit von Präses Sorg in Westfalen als einen historischen Wendepunkt sehen. Die Hauptvorlage, die sich mit der Beziehung der Evangelischen Kirche von Westfalen und dem Judentum befasst, wurde von den meisten Gremien der*

Westfälischen Landeskirche auf allen Ebenen diskutiert und der Prozess der Umsetzung von weit reichenden Empfehlungen wurde in Gang gesetzt.

Im Lichte der unheilvollen und tragischen Geschichte der Vergangenheit waren diese Schritte zwar etwas verspätet, doch immer noch notwendig.

Nachhaltig und fördernd begleitete Manfred Sorg diesen massiven Fortschritt in der Abklärung des christlich-jüdischen Verhältnisses. Inwiefern das bisher Erreichte auf Dauer Wirkung und Bestand haben wird, kann erst die Zukunft zeigen. In dieser Hinsicht bin ich optimistisch und erhoffe mir, dass an dem bisher Erreichten noch weiter konstruktiv und vertiefend gearbeitet werden wird."
(Landesrabbiner Dr. h.c. Henry G. Brandt)

Hoffnung für die Welt: Die entscheidende Frage besteht darin, ob wir Gott das handelnde Subjekt der Erlösung sein lassen. Wir bitten ihn um das Kommen des Reichs – Juden z. B. im Kaddisch-Lobgebet, Christen im Vaterunser. In dieser Bitte wird eine gemeinsame Hoffnung auf den messianischen Advent *eines neuen Himmels und einer neuen Erde* (Jesaja 65,17 und Offenbarung 21,1–2, 2. Petrus 3,13) hörbar. Im Zeugnis der Hoffnung für die Welt sind Juden und Christen einander sehr nahe; angesichts der Aufgabe, in einer von Zukunftsängsten dominierten Welt Platzhalter der Hoffnung zu sein, dürften sich die lastvollen Gegensätze zwischen jüdischer und christlicher Glaubensweise sogar relativieren. Weil auf der neuen Erde Gerechtigkeit und Frieden wohnen, werden Juden und Christen schon jetzt für Gerechtigkeit und Frieden (vgl. Psalm 85,9–14) eintreten.

(Textzusammenstellung aus der Hauptvorlage „Gott hat sein Volk nicht verstoßen")

4. Gebraucht und gesandt

Sicherheit
dennoch
Unruhe
unterwegs
fröhlich
Neugierde
begegnen
Perspektive
bunt
klar
Nachfolge
zielstrebig
kreativ

Christiane Seibel

Auf Bäume klettern

(Lukas 19,1–10)

„Immer redet ihr von Kirche und nie sprecht ihr mal über Glauben", hat mein Sohn gesagt, als ich wieder einmal erregt von einer Sitzung des Presbyteriums nach Hause kam und meinen Groll und meine Frustration bei meinem Mann ablud. Meinen Mann und mich hat dieser Satz sehr erschreckt.

Man sagt immer so leichthin, die Jugend sei unsere Zukunft. Was geben wir Jugendlichen eigentlich mit, was lehren wir, womit statten wir sie aus, was leben wir ihnen vor, um sie für ein Leben in dieser Welt stark zu machen? Wenn es stimmt, dass das Verhältnis zur Religion, zu Gott in Kindheit und Jugend gelegt wird, was tun wir, dass Heranwachsende etwas vom barmherzigen Gott und der Liebe Christi zu uns Menschen spüren? Dass dies keine staubige Tradition ist, der man sich nur aus Gewohnheit noch verpflichtet fühlt, sondern eine spannende Sache, die einen fesselt, die einen fröhlich macht und auch durch Angst und Traurigkeit trägt? Die dazu führt, dass man sich doch immer wieder für andere Menschen engagiert!

Kindern in Deutschland geht es (meistens) gut. Sie haben reichlich zu essen, oft ein schönes eigenes Zimmer, Kleidung, Taschengeld, Freunde, Schule. Äußerlich fehlt ihnen wenig. Aber auch sie suchen ihren Platz im Leben, Orientierung, Halt, einen Sinn für alles.
Liegt das Geheimnis christlichen Glaubens vielleicht darin, dass wir gar nicht suchen müssen, dass wir eher bereit sein müssen, uns finden zu lassen?

Mir fällt dazu die Geschichte vom Zöllner Zachäus ein.

Ohne uns sieht eure Kirche alt aus

Die Synode wird aufgefordert, Interessen Jugendlicher stärker zu berücksichtigen

Und er ging nach Jericho hinein und zog hindurch. Und siehe, da war ein Mann mit Namen Zachäus, der war ein Oberer der Zöllner und war reich. Und er begehrte, Jesus zu sehen, wer er wäre, und konnte es nicht wegen der Menge; denn er war klein von Gestalt. Und er lief voraus und stieg auf einen Maulbeerbaum, um ihn zu sehen; denn dort sollte er durchkommen. Und als Jesus an die Stelle kam, sah er auf und sprach zu ihm: Zachäus, steig eilend herunter; denn ich muss heute in deinem Haus einkehren. Und er stieg eilend herunter und nahm ihn auf mit Freuden.
Als sie das sahen, murrten sie alle und sprachen: Bei einem Sünder ist er eingekehrt. Zachäus aber trat vor den Herrn und sprach:

SIEHT EURE

OHNE UNS

Siehe, Herr, die Hälfte von meinem Besitz gebe ich den Armen, und wenn ich jemanden betrogen habe, so gebe ich es vierfach zurück. Jesus aber sprach zu ihm: Heute ist diesem Hause Heil widerfahren, denn auch er ist Abrahams Sohn. Denn der Menschensohn ist gekommen, zu suchen und selig zu machen, was verloren ist.

Nach menschlichen Maßstäben hat Zachäus im Leben bereits Erfolg gehabt, er ist reich und hat Karriere gemacht. Trotzdem ist er neugierig auf Jesus. Warum? Weil er merkt, dass Geld nicht alles bedeutet? Weil er alles erreicht hat, was er angestrebt hat, und jetzt ein neues Lebensziel braucht? Ist er nur sensationslüstern, will mitkriegen, wovon alle sprechen, oder leidet er inzwischen unter der gesellschaftlichen Außenseiterposition, in die er sich durch die Zusammenarbeit mit den Römern gebracht hat? Pfiffig muss er sein, denn er weiß wohl, dass man ihn nicht freiwillig in der ersten Reihe stehen lassen wird, damit er gut sieht. Darum läuft er voraus und klettert auf einen Baum. Einen lächerlichen Anblick wird er geboten haben. Ein erwachsener, gut gekleideter Mann, plötzlich wie ein Kind. Was erwartet, erhofft er? Mehr als einen Blick im Vorübergehen?

Und dann lädt sich dieser Jesus, von dem alle reden, ausgerechnet bei ihm ein. Ganz spontan nimmt er sich Zeit für den Mann auf dem Baum. Keine Moralpredigt, keine Aufforderung zur Buße, keine Beurteilung bisherigen Tuns oder gnädige Herablassung – nein, schlicht der Wunsch nach Essen und Trinken, einem Gespräch, nach Zusammensein. Gott kommt und lädt sich ein bei einem Mann, der so gar nichts Herausragendes hat, der mit seinem Alltagsgebaren so gut in unsere heutige Wirtschaftswelt passen würde.

Es reicht für eine Wendung. Es reicht, damit jemand anfängt, seine Fehler wieder gutzumachen, seinen Reichtum mit Bedürftigen zu teilen. Was wäre, wenn wir das alle täten?

Wie Zachäus sich dabei fühlt, wie es bei ihm ein Jahr später aussieht, ob er seinen Kindern und Enkeln auch im Alter von dieser Begegnung erzählt und was diese davon halten – wir erfahren es nicht. Ich stelle mir einen fröhlichen, ausgeglichenen Mann vor, der sein Leben lang von diesem Moment zehrt, an dem Jesus ihn persönlich ansprach und Zeit für ihn hatte. Der, weil er sich angesprochen und als Gastgeber geschätzt gefühlt hat, an andere abgeben konnte. Ist es das, was christlichen Glauben vor allem auszeichnet: dass Gott uns findet und uns wertschätzt, sodass er bei uns – vorübergehend vielleicht nur – zu Gast sein will? Und dass uns das bereits so froh und stark macht, dass wir nicht mehr an uns, sondern an andere denken können?

Viele Menschen sehnen sich nach persönlicher Zuwendung und Zeit, die ihnen jemand schenkt; sie wollen nicht nur funktionierendes Rädchen im Getriebe sein. Viele haben Sinnfragen, suchen Orientierung. Traditionen und Strukturen sind dabei unwichtig.

Mit unseren Kindern hat es noch viele Gespräche gegeben, über Predigten, über Kirchenmusik, über Berufsorientierung, über Gesellschaftsprobleme … Aber manchmal frage ich mich, was wir heutzutage tun müssen, dass Menschen so neugierig auf den christlichen Glauben werden, dass sie dafür sogar „auf Bäume klettern".

Was Lernen, Veränderung und Bekehrung möglich macht, dass ist nicht allein die Aufdeckung des bisherigen Elends, sondern die Erwartung eines bisher nicht eingelösten Versprechens von Glück.
(Fulbert Steffensky)

Junge Christen – Zukunft der Kirche

Albert Henz

Im Blick behalten

(Lukas 9,62)

Wer seine Hand an den Pflug legt und sieht zurück, der/die ist nicht geschickt zum Reich Gottes.

Provokant wirkt dieses Jesuswort auf den ersten Blick. Soll Rückblick verboten sein? Nein, dankbarer und erinnernder Rückblick spielt eine wichtige Rolle an vielen Stellen unseres Lebens. In der Altenseelsorge lernen wir, dass die Einübung in das biografische Erinnern ein wesentliches Element ist für einen gelingenden Alterungsprozess. Es hilft, sein Leben als Einheit zu sehen und sich nicht nur zu konzentrieren auf die irgendwann einsetzenden Einschränkungen. Erinnern bedeutet im Sinne der Bibel auch, sich rückbesinnen auf das, was uns überliefert ist als Gottes Wort und Wille.

So werden Rückblick und Erinnerung auch von Jesus nicht grundsätzlich abgelehnt. Aber: Es gibt Zeiten und Herausforderungen, in denen eben etwas anderes gefordert ist. Das Bildwort ist eindeutig.

Von Menschen aus Ostwestfalen habe ich mir Erinnerungen ans Pflügen erzählen lassen, damals noch ohne Maschinen, auf kleinen Feldern. Da kam es nun wirklich darauf an, die andere Seite des Ackers in Blick zu nehmen und im Blick zu behalten, unbeirrt den Pflug in die Erde zu drücken und dem Ziel auf der anderen Seite zielstrebig entgegenzugehen. Wer da zaudert, wer da die Augen schweifen lässt, erst recht, wer da zurückblickt: Dem gelingt die Furche nicht.

Aus dem unternehmerischen Management haben wir in der Diakonie und zunehmend auch in der verfassten Kirche gelernt, wie entscheidend die Zielperspektive ist, von der her die Leitung, Entwicklung und Steuerung des Unternehmens erfolgt. Wo ein solches Ziel nicht beschrieben, angesteuert und natürlich immer wieder auch aktualisiert wird, da droht der Untergang.

Also lautet die Frage auch für unsere Gestaltung kirchlichen Lebens: Wohin soll es gehen, welches Ziel, welche Ziele wollen wir in den nächsten fünf bis zehn Jahren erreichen? Und: Welche Schritte leiten wir ein, um dieses Ziel zu erreichen? Dabei beantworten wir solche Fragen als Christinnen und Christen auch geistlich. Wir nehmen Umfeldanalysen und Bewertungen ernst, wir nutzen getrost die em-

Gottes Wort unter freiem Himmel – Auftrag des Westfälischen Kirchentags in Unna 1998

pirischen Untersuchungen, die es gibt. Aber wir fragen eben auch: Wohin sollen und wollen wir gehen, weil Gott uns dazu beauftragt hat?

Nun, viele Perspektiven sind klar. Wir werden kleiner, was die Zahlen anlangt. Wir haben längst nicht mehr die gesellschaftliche Priorität und Macht, die die Kirche über Jahrhunderte innehatte. Die Menschen stillen ihren religiösen Hunger auch woanders und es gibt bewundernswertes Engagement völlig losgelöst von Christentum und Kirche.

Meine Überzeugung ist: Wir brauchen zunächst Anpassungsprozesse im Sinne einer Struktur, die kleiner ist und die dieser zukünftigen Situation Rechnung trägt. Wir müssen uns freimachen von überdimensionierten Gebäuden und Institutionen. Aber dies, um einen Rahmen zu haben, dessen Erhalt uns nicht Last ist, sondern Hilfe, unseren Auftrag wahrzunehmen.

Dann haben wir uns neu zu besinnen, wie denn Menschen gern bei uns in Gemeinschaft leben um zu glauben und zu lieben. Wir sollten uns nicht scheuen, auch dem Wunsch nach einer vor allem erfahrungsorientierten Religiosität mit großer persönlicher Freiheit auf dem Boden unserer Tradition Angebote zu machen – etwa auf dem Boden der johanneischen und der mystischen Theologie …

Das Evangelium heute leben – Ziel auch des 1. Westfälischen Kirchentags

Und wir sollten alles daransetzen, dass Menschen in uns und bei uns die zugewandte, befreiende und aufrichtende Liebe Gottes in Jesus Christus erfahren. Ich bin sicher: Mit beidem werden wir gebraucht, auch in Zukunft. Beides ist unser Auftrag, auch unter anderen Bedingungen und vielleicht auf andere als nur die traditionelle Art und Weise. Und: So werden wir Gehör finden und uns zum Teil verschaffen, wo die Entwicklungen der Gesellschaft einen völlig anderen Weg nehmen. Einen Weg, der nicht im Sinne Gottes ist.

Kirche mit Zukunft: Ja, ich glaube daran. Wir sollten uns zielstrebig daranmachen, den passenden Rahmen zu schaffen. Kreativ und hoffnungsvoll dürfen wir ausloten, wie wir das Evangelium heute leben, erfahrbar machen, Menschen dafür gewinnen.

Vor uns liegt ja nicht nur die Zukunft der demografischen Entwicklung und der damit verbundenen Finanzen. Vor uns liegt vor allem die Zukunft Gottes – der da ist, der da war und der da sein wird. Vor uns liegt das Himmelreich, dem wir entgegenarbeiten, dem wir selbst entgegengehen. So wollen wir es weiter und neu in die Hand nehmen, als solche, die wie Christus gesandt und berufen sind:

zu verkündigen das Evangelium den Armen
zu predigen den Gefangenen, dass sie frei sein sollen
und den Blinden, dass sie sehen sollen
und den Zerschlagenen, dass sie frei und ledig sein sollen,
zu verkündigen das Gnadenjahr des Herrn.
(Lukas 4,18 f.)

Friedhelm Wixforth

Kinder des Krieges

(Psalm 23)

Es sind immer wieder auch die Kinder,
die zwischen die Fronten geraten.

Ich habe noch den Bericht von Arberie Begun vor Augen vom März 1999 aus dem Kosovo-Krieg: „Ich wollte noch einmal die Berge sehen, die Felder, die Flüsse, die Schönheit unseres Landes. Aber wir mussten fliehen, zu Fuß über die Grenze. Es regnete ununterbrochen. Mütter versuchten, ihre Kinder mit Kleidungsstücken zuzudecken, aber alles war völlig durchnässt. Ich sah ein Kind in den Armen seiner Mutter sterben. Fünf Tage standen wir bis zu den Knien im Schlamm."

Es sind immer wieder auch die Kinder,
die zwischen die Fronten geraten.

Ich lese 2. Mose 1,8 – 10:

> *Da kam ein neuer König auf in Ägypten, der wusste nichts von Josef und sprach zu seinem Volk: Siehe, das Volk Israel ist mehr und stärker als wir. Wohlan, wir wollen sie mit List niederhalten, dass sie nicht noch mehr werden. Denn wenn ein Krieg ausbräche, könnten sie sich auch zu unsern Feinden schlagen und gegen uns kämpfen …*

So kommt es zum Befehl des Pharao, alle Söhne der Hebräer in den Nil zu werfen … Und so kommt es zur Verzweiflungstat einer Mutter: Als sie ihren Sohn nicht länger verbergen konnte, machte sie einen Kasten von Rohr und verklebte ihn mit Erzharz und Pech und legte das Kind hinein und setzte den Kasten in das Schilf am Ufer des Nils … am Ende Moses wunderbare Errettung.

Es sind immer wieder auch die Kinder,
die zwischen die Fronten geraten.

Ich denke zurück an den Januar 1991: Um dem Verbrecher Saddam Hussein beizukommen, werden an einem Tag 18.000 Tonnen Bomben über Bagdad abgeworfen, das ist das Doppelte der Bombenmenge, die auf Dresden niederging.

Wer weint schon um die Kinder des Krieges! – Friedhof Bochum-Stiepel

Und Abdul rannte aus diesem Inferno vor Bagdad. Mitten unter Bomben, Hunger, Durst und Todesahnungen läuft er über eine unbewohnte und ungeschützte offene Anhöhe. Da kommt ihm die Mutter entgegen! Sie wirft ihr Umschlagtuch über ihn, er springt hinein in die Wärme des Tuches, das sie umgeschlagen hatte und nun um ihn schlingt, und sie läuft um ihrer beider Leben. Weinend rettet sie sich und ihr Kind.
Aber wer weint schon um die vielen anderen Abduls und Tanayas, die kein Umschlagtuch rettet. Jedes achte irakische Kind stirbt in diesen Tagen vor seinem fünften Geburtstag. Jedes vierte Kind erhält nicht genug Nahrung, um sich körperlich und geistig normal zu entwickeln.

Auf der anderen Seite spürt Israel den langen Schatten des drohenden Krieges. Jerusalem fürchtet einen Gegenschlag Bagdads mit biologischen und chemischen Waffen. Schon seit Wochen gehen die Kinder nur noch mit Gasmasken in den Kindergarten und in die Schule.

Es sind immer wieder auch die Kinder,
die zwischen die Fronten geraten.

Und noch ein Blick in unsere Bibel: Sie kennen die Geschichte vom Kindermord des Herodes. Da ist der König in Jerusalem behilflich, damit die Weisen aus dem Morgenland ihren Weg nach Bethlehem finden, und es scheint so zu sein, als webte sich ein harmonisches Bild zwischen dem Machtinteresse eines Königs, der Beratung durch Hohepriester und Schriftgelehrte und dem Wunsch der Weisen, das Kind anzubeten:

Unwiederbringlich – Kindergrab in Bochum-Weitmar

Herodes sagt ihnen:

> *Zieht hin und forscht fleißig nach dem Kindlein;*
> *und wenn ihr's findet, so sagt mir's wieder,*
> *dass auch ich komme und es anbete.*
> (Matthäus 2,8)

Das harmonische Bild trügt. Wir kennen das Ende der Geschichte. Während die Weisen hingehen, um das Kind anzubeten, formieren sich schon im Hintergrund der Bühne die Reiterscharen des Königs, die ausschwärmen werden, um zu töten: „Und in Rama hat man ein Geschrei gehört, viel Weinen und Wehklagen und Rahel beweinte ihre Kinder und wollte sich nicht trösten lassen" (Matthäus 2,18).

Wir kennen unsere eigene Geschichte: Tana Berghausen war gerade vier Monate alt. Ihr Leben endete an der Kante eines Lastwagens in Auschwitz. Ein SS-Mann hatte der Mutter den Säugling abgenommen und den kleinen Körper vor den Augen des Vaters zerschmettert. Tana Berghausen war das jüngste Opfer des letzten großen Deportationszuges, der am 2. März 1943 vom Bielefelder Hauptbahnhof zum Vernichtungslager abging. Vorgestern vor 60 Jahren – mitten aus unserer Stadt.

Es sind immer wieder auch die Kinder,
die zwischen die Fronten geraten.

Es ist doch zum Verzweifeln! Und dennoch – mitten in dieser Verzweiflung gräbt sich die Hoffnungsbotschaft ein. Wir beten den 23. Psalm:

> *Und ob ich schon wanderte im finstern Tal …*
> *Du bereitest vor mir einen Tisch …*

Und ob ich schon wanderte im finstern Tal – Erinnerung und Neuanfang, St. Peter zu Syburg

Trotz allem: Es gibt dieses Umschlagtuch … Moses wird gerettet. Die Weisen ziehen nach Hause zurück. Das neugeborene Kind flieht in eine andere Richtung, um später, viel später die Kinder anzurühren, die man ihm brachte, und um sie zu herzen und die Hände auf sie zu legen und sie zu segnen, damit sie in Frieden leben können.

Es sind immer wieder auch die Kinder,
die in Frieden leben wollen!

Peter Burkowski

Gottes Herrlichkeit erscheint unten

(Jesaja 60,2 und Psalm 36,10)

Gestern war der letzte Sonntag nach Epiphanias und im Wochenspruch hören wir:

Über dir geht auf der Herr,
und seine Herrlichkeit erscheint über dir.
(Jesaja 60,2)

Hinzunehmen möchte ich auch noch das Halleluja-Wort aus Psalm 36,10:

Denn bei dir ist die Quelle des Lebens
und in deinem Licht sehen wir das Licht.

In den Liedern und Worten dieser Tage klingt ein letztes Mal Epiphanias nach: die Lieder vom Licht, von der strahlenden Sonne oder doch wenigstens vom leuchtenden Morgenstern.

Ich möchte es gerne festhalten, dieses Licht, diesen Glanz, diese Hoffnung, diese Lebens- und Liebeskraft Gottes, die mir noch nachleuchtet aus der weihnachtlichen Krippe. Aber das scheint nicht zu gehen. Ich möchte es gerne festhalten, dieses Licht …

Lange habe ich gewartet in diesem Jahr. Länger als sonst habe ich gezögert in diesem Jahr. Erst gestern habe ich sie abgebaut und weggeräumt – meine Krippe, unsere Krippe zu Hause. Es ist mir in diesem Jahr schwer geworden, mich von ihr zu trennen. Lag es wohl daran, dass mich mit den Figuren aus der Krippe so vieles verbindet? Einen der Akteure habe ich noch einmal mitgebracht.

Kennen gelernt haben wir uns im vergangenen Jahr Anfang Juni auf einem Markt in Arusha in Tansania. Am letzten Tag unserer Partnerschaftsreise stöberte ich auf den Basaren der Stadt herum.

Und dabei stieß ich auf Krippenfiguren – geschnitzt, hell, eindrucksvoll, mit afrikanischen Gesichtszügen, aufrecht und erhaben, kräftig und unbeugsam und doch alle – wie diese – gebeugt; und doch mit dem Blick auf einen Punkt hin gerichtet – zum Licht der Welt und zur Quelle des Lebens … zum Kind in der Krippe.

Ich glaube, so lange hat die Krippe noch nie bei uns gestanden.

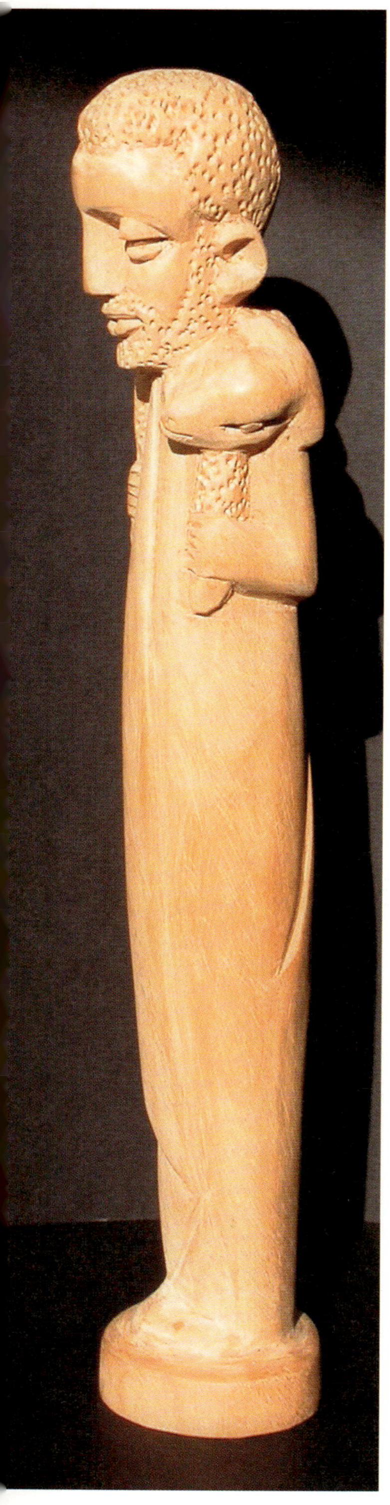

Kräftig und unbeugsam – der Hirte aus Tanzania

Oder lag es daran, dass es mir wie eine Verbindung erschien, als wir vor drei Wochen hörten, dass unsere Schwestern und Brüder dort im Magharibi-District in großer Not sind, dass Regenfälle und Überschwemmungen die Ernte vernichtet haben, dass die Ernährungslage schwierig ist und Krankheiten zu befürchten sind.

Ich weiß, dass die Menschen in Tansania dieser schlimmen Situation so aufrecht gegenüber stehen werden wie mein hölzerner Freund hier. Sie werden tragen, wie er trägt, und in der Hoffnung auf Gottes Hilfe tun sie, wozu ihnen die Kraft gegeben ist.

Ich glaube, so lange hat die Krippe noch nie bei uns gestanden.

Oder lag es daran, dass ich es noch ganz gut haben konnte, diese weihnachtlichen Hoffnungs- und Verheißungsbilder länger nachklingen zu lassen als sonst? Lag es daran, dass ich das Licht der Weihnachtszeit gern noch etwas festgehalten hätte?

Ich spüre es immer noch: Da liegen harte Monate hinter uns, ein schwieriges Jahr. Enorme Kraftanstrengungen waren nötig, um zu Entscheidungen zu gelangen. Kaum etwas ging „einfach so" oder „einfach so weiter". In den Gemeinden, im Kirchenkreis, in der Diakonie, in unserer Kirche – nichts geht mehr einfach so weiter. Und wohin es geht, das haben wir auch noch nicht in aller Klarheit vor Augen; das braucht noch Kraft und Geduld, Klärung und Kreativität.

Ich spüre es immer noch – bei anderen und bei mir selbst: Das vergangene Jahr hat Kraft gekostet. Und ich sehe diesen Hirten in seiner aufrechten Gelassenheit. Er trägt – aufrecht und gelassen – seine Last. Und sein Blick ist dahin gerichtet, wo Gott in diese Welt kommt und in dieser Welt bleibt: nach unten – zum Licht der Welt!

Dort unten erscheint die Herrlichkeit Gottes! Dort unten ist der Ort, den Jesaja „über dir" nennt.

„Über dir geht auf der Herr, und seine Herrlichkeit erscheint über dir." Dort unten ist „über dir". Dort unten ist Gott bis heute geblieben. Diese Haltung und diese Blickrichtung möchte ich festhalten und mitnehmen.

Und ich denke, dieser Hirte aus Tansania wird seinen Platz auf meinem Schreibtisch bekommen. Ich werde ihn nicht einpacken irgendwohin in die Weihnachtskiste. Denn ich möchte mich erinnern lassen an seine Haltung und an seine Blickrichtung, wenn die Lasten wieder zunehmen. Denn auch Tragen will gelernt sein. Dazu braucht man nicht nur Kraft, sondern – in der Tat – die richtige Haltung, eine angemessene Geschwindigkeit und vor allem das sichere Gefühl für den Punkt, an dem die Last zu groß wird.

Mit dem Blick zum Licht der Welt

Heute erreicht uns noch einmal die Botschaft der Krippe. Aber der Glanz und die alte liebevolle Weihnachtszusage unseres Gottes bleiben und begleiten uns auch durch unsere Zeit im neuen Jahr.

So leben und arbeiten, beten und glauben wir weiter: für eine zukunftsfähige Welt, in der Gottes Geist Menschen begeistert und ansteckt, einlädt und ermutigt zum Leben und zum Glauben.

So tragen wir weiter das Menschenbild unseres Gottes mit uns, dass der Ort seiner Gegenwart der Ort der Schwachen und Übersehenen ist. Darum werden wir unruhig, wenn die Arbeitslosenzahlen immer weiter steigen und Behinderten das Sprechen und Lachen in der Öffentlichkeit eingeschränkt wird. Unsere Hoffnung und die Blickrichtung nach unten sind gefordert und bleiben es.

Ich werde diesen Hirten aus meiner Krippe in diesem Jahr nicht wegpacken – gerade deshalb nicht.

Denn bei dir, Gott, ist die Quelle des Lebens
und in deinem Licht sehen wir das Licht.

Peter Friedrich

Stadtmusikanten im Reich Gottes

(1. Petrus 2,9)

Ihr aber seid das auserwählte Geschlecht, die königliche Priesterschaft, das heilige Volk, das Volk des Eigentums, dass ihr verkündigen sollt die Wohltaten dessen, der euch berufen hat von der Finsternis zu seinem wunderbaren Licht.

Das sind wahrhaftig große Worte! „Auserwähltes Geschlecht, königliche Priesterschaft, heiliges Volk, Volk des Eigentums!" – So also werden wir als christliche Kirche bezeichnet. Und dann der Auftrag: Ihr seid dazu da, „dass ihr verkündigen sollt die Wohltaten dessen, der euch berufen hat von der Finsternis zu seinem wunderbaren Licht!" Was könnten diese großen Worte für unseren persönlichen und kirchlichen Alltag bedeuten? Ich möchte dazu eine Geschichte erzählen. Manche werden sie sicherlich wiedererkennen:

Es war einmal ein Esel. Der war es satt, immer nur die Kornsäcke seines Herrn zur Mühle zu schleppen und sich dafür obendrein auch noch schlagen und beschimpfen zu lassen. Er ließ bereits seine langen Eselsohren hängen und wurde immer mutloser und trauriger. „Wo ist meine Würde und meine Kraft geblieben? Ich habe keine Zukunft mehr. Ich bin verloren!", so murmelte er vor sich hin.

Die Wohltaten Gottes verkündigen – Orgelpfeifen der Reinoldi-Kirche Dortmund

Aber eines Nachts – es war eine besonders schöne und sternenklare Nacht –, da hatte er einen Traum, da erreichte ihn eine Botschaft: „Was trauerst du da vor dich hin? Was bist du so verzagt? Du bist doch nicht verloren! Du bist berufen aus der Finsternis zu einem wunderbaren Licht! Hörst du nicht die Zukunftsmusik des Reiches Gottes? Mach dich auf den Weg, und du wirst sehen, was geschieht. Das Ziel ist das Reich Gottes! Das Ziel ist Bremen! Mach dich auf den Weg!“ Da lief der Esel kurz entschlossen ins Freie und machte sich auf den Weg nach Bremen. Dort, so stellte er sich plötzlich vor, könnte er ja Stadtmusikant werden!

Als der Esel nun eine ganze Weile gegangen war, sah er einen Hund am Wege liegen. Der Hund war müde und auch nicht mehr der Jüngste. „Mein Leben hat keinen Sinn mehr“, knurrte er vor sich hin. Da sagte der Esel: „Komm mit nach Bremen! Wir werden dort Stadtmusikanten!“ Und der Hund hob seinen Kopf und staunte. „Das ist ein gutes Wort!“, bellte er und schloss sich dem Esel an. Nun waren sie schon zu zweit. Und das war für beide eine gute Sache.
Es dauerte nicht lange, da saß eine Katze am Wege. Die machte ein Gesicht wie drei Tage Regenwetter. „Was ist dir denn in die Quere gekommen?“, fragte der Esel. „Oje“, miaute die Katze, „mir geht es

Musik für das Reich Gottes – eine Familie beim Bundesposaunenfest des CVJM in der Grugahalle Essen

Neue Melodien, neue Songs – Die Gruppe „Sons of Gastarbeita“, Teilnehmer eines Jugendprojekts in der Hellweg-Region

so schlecht! Meine Herrin wollte mich heute Morgen fast ersäufen, weil mir die Mäuse immer so Leid taten! Da musste ich fort von zu Hause.“ „Komm mit nach Bremen!“, sagte der Hund, „wir werden dort Stadtmusikanten, du verstehst dich doch auf die Nachtmusik!“ Und die Katze streckte sich kurz und dann machte sie einen großen Sprung und lief mit.

Kurze Zeit später kamen der Esel, der Hund und die Katze an einem Bauernhof vorbei. Da saß ein Hahn auf dem Tor. Der schrie aus Leibeskräften. Und als die Katze ihn befragte, sagte er: „Da habe ich nun immer gutes Wetter prophezeit! Und jeden Morgen habe ich meine Herrschaft geweckt! Aber nun: Am Sonntag kommen viele Gäste ins Haus. Und da soll ich geschlachtet werden. Mit mir ist es aus!“ Da sagte die Katze: „Komm mit nach Bremen! Du hast eine gute Stimme! Wir brauchen dich! Wir werden dort Stadtmusikanten!“ Dem Hahn gefiel dieser Vorschlag wohl. Und so zogen die vier gemeinsam weiter.

Stadtmusikanten Gottes – Jugendliche auf dem Kirchentag

Allzu sehr werden sie nun nicht mehr durch die Vergangenheit bedrückt. Denn die Farben der Zukunft schimmern in ihre Gegenwart hinein. Das Licht der Zukunft leuchtet ihnen entgegen und macht ihren Weg frei: „Bremen! Wir werden Stadtmusikanten! – Nein, wir sind es schon! Wir sind schon Stadtmusikanten! Stadtmusikanten im Reich Gottes, im Reich der neuen Melodie, im Reich des neuen Liedes und der neuen Hoffnung, im Reich der Zukunftsmusik!“

Wirklich nur Zukunftsmusik? Liebe Leute, kommt ihr alle doch auch mit nach Bremen! Wir sind Stadtmusikantinnen und Stadtmusikanten! Das ist die Verheißung und das Gebot unseres Gottes. Das ist unsere Berufung. Lasst uns Praktikantinnen und Praktikanten des Reiches Gottes werden! Praktikanten von Adel! Als „auserwähltes Geschlecht“, als „königliche Priesterschaft“, als das „heilige Volk“. Auserwählt und geadelt von unserem Gott und immer neu dazu befähigt und ermutigt durch seinen Heiligen Geist! Doch nicht vergessen: Adel verpflichtet! Er verpflichtet dazu, „dass wir verkündigen die Wohltaten Gottes". Er verpflichtet dazu, Zukunftsmusik zu spielen auf dem Hintergrund dessen, was da geschehen ist in der Geschichte Gottes mit den Menschen. Zukunftsmusik, die etwas ausstrahlt von dem Licht, zu dem wir berufen sind im Namen unseres Herrn Jesus Christus. Berufen, uns aufzumachen nach Bremen.

Berufen zur Mitarbeit am Reich Gottes – im Glauben, in der Liebe, in der Hoffnung. Damit beginnen das Wort Gottes, die Verheißung und das Gebot Gottes unter uns wirksam zu werden. Damit beginnen wir, die Freiheit eines Christenmenschen wahrzunehmen. Lasst uns in Dankbarkeit und Freude damit beginnen, „Kirche mit Zukunft" zu gestalten! Niemand fragt nach dem Ertrag unseres Lebens. Gott erträgt uns so wie wir sind. Aber wir dürfen Musik machen. Jeder auf seine Weise. Zukunftsmusik ist nicht nur eine Sache von übermorgen. Sie ist nicht nur eine Sache der Ewigkeit. Sie dringt heute schon an unser Ohr. Auf denn, kommt mit nach Bremen! Wir werden Stadtmusikantinnen und Stadtmusikanten! Nach unserer Berufung – also in der Hauptsache! – sind wir es schon!

„Wunderbar", sagte die Katze, „das hätte ich mir nie träumen lassen!" „Herrlich", krähte der Hahn, „dass ich das noch erleben darf!" „Wie schön!", bellte der Hund, „ich hätte meine Kameraden von zu Hause mitnehmen sollen, diese armen Hunde!" „Schon recht!", sagte der Esel, „aber bei alledem – täuscht euch nicht – bei alledem haben wir noch ein ganzes Stück Weg unter die Hufe zu bringen! Und das wird nicht leicht sein!"

Nun ja, sie erlebten in der Tat noch viel auf dem Weg nach Bremen. Viel Erfreuliches und Beglückendes, aber auch manches Schwere, manche Gefährdung des Leibes und der Seele. So kamen sie auf ihrer Wanderung zum Beispiel eines Abends in einen tiefen, finsteren Wald. Dort begegneten sie wilden und bösen Räubern. Die waren eine Gefahr für Menschen und Tiere, für die ganze Umgebung und für alle Zukunftsmusik! Aber mit viel Phantasie und Tatkraft wurde auch diese brisante Situation gemeistert – wir kennen die Geschichte.

Die vier ließen sich nicht beirren. Denn sie wussten: Wir haben ein Ziel. Die Richtung ist klar. Letzten Endes sind wir zu Stadtmusikantinnen und Stadtmusikanten berufen. Und wir sind es schon jetzt! – Übrigens: Der Esel, der Hund, die Katze und der Hahn haben auf ihrem Wege zusammengehalten. Und sie sind zusammen in Bremen angekommen. Das Denkmal auf dem Bremer Marktplatz zeugt davon. Das könnte doch etwas zu bedeuten haben?!

Wir sind schon jetzt Glieder des auserwählten Geschlechts. Wir dürfen den Auftrag wahrnehmen, die Wohltaten Gottes zu verkündigen. Wir dürfen mitsingen in dem großen Chor des Volkes Gottes – jede und jeder auf seine Weise. Wir dürfen davon ausgehen: Wir haben Zukunft.

Und unsere Kirche ist eine „Kirche mit Zukunft". Die Resignation ist nicht zwingend. Durststrecken brauchen uns nicht mutlos zu machen. Die Finsternis des Waldes und die räuberischen Umtriebe dieser Welt sind nicht das Letzte. Selbst der Tod kann uns nichts anhaben. Denn Gott hat uns berufen von der Finsternis zu seinem wunderbaren Licht. Er will, dass wir Stadtmusikantinnen und Stadtmusikanten werden, Praktikantinnen und Praktikanten seines Reiches! Die Kirche hat Kraft und Wachstum von ihrem Herrn. Fundament und Lebendigkeit sind von ihm. Und nur deshalb ist sie „Kirche mit Zukunft", ein Volk von Stadtmusikantinnen und Stadtmusikanten, das Volk Gottes unterwegs. Unterwegs nach Bremen. Wir sind ausgestattet mit einem ungeheuren Vorschuss an Vertrauen. Denn was auch kommt: Wir sind geliebt, wir haben Zukunft in Zeit und Ewigkeit.

Gerd Kerl

Unterwegs

(Lukas 9,57–62)

Und als sie auf dem Wege waren, sprach einer zu ihm: Ich will dir folgen, wohin du gehst. Und Jesus sprach zu ihm: Die Füchse haben Gruben und die Vögel unter dem Himmel haben Nester; aber der Menschensohn hat nichts, wo er sein Haupt hinlege.
Und er sprach zu einem anderen: Folge mir nach! Der sprach aber: Herr, erlaube mir, dass ich zuvor hingehe und meinen Vater begrabe. Aber Jesus sprach zu ihm: Lass die Toten ihre Toten begraben; du aber geh hin und verkündige das Reich Gottes!
Und ein andrer sprach: Herr, ich will dir nachfolgen; aber erlaube mir zuvor, dass ich Abschied nehme von denen, die in meinem Haus sind. Jesus aber sprach zu ihm: Wer seine Hand an den Pflug legt und sieht zurück, der ist nicht geschickt für das Reich Gottes.

Es geht um die, die unterwegs sind, unterwegs in Richtung Zukunft, in Richtung „Kirche mit Zukunft".

Einer kommt und möchte diesem Jesus ganz nahe sein: Ich will dir folgen, wohin du gehst. Er muss sich sagen lassen: Die Füchse haben Gruben, die Vögel unter dem Himmel haben Nester; aber der Menschensohn hat nichts, wo er sein Haupt hinlegt.

Unterwegs für die Zukunft – Demonstration in Bochum gegen die Diskriminierung Altersverwirrter

Der zweite wird von Jesu Ruf erreicht: Folge mir nach! Er soll zum Leben in der Nachfolge ermutigt werden. Er möchte seinen Vater begraben. Was Elisa im Alten Testament von Elia erlaubt wird, hier wird es von Jesus abgelehnt. Lass die Toten ihre Toten begraben; aber du geh hin und verkündige das Reich Gottes.

Der Dritte im Bunde kommt wieder mit der Bitte um die Nachfolge: Er möchte sich verabschieden von denen, die bisher zu seinem Leben gehört haben. Aber er hört: Wer seine Hand an den Pflug legt und schaut zurück, der ist nicht geschickt für das Reich Gottes.

Dieser Abschnitt, in der Lutherbibel überschrieben mit den Worten: „Vom Ernst der Nachfolge“, macht es uns nicht leicht. Jesus macht es uns nicht leicht. Die Mitgliederorientierung bleibt total auf der Strecke. Hier wird jeder und jede konfrontiert mit Heimatlosigkeit, Pietätlosigkeit und Beziehungslosigkeit.

Deshalb sagen einige, dass sei ein Text für junge Leute. Die könnten noch radikal brechen mit den Bezügen, in denen sie stehen. Also dann ist dieser Abschnitt für die meisten von uns hier auf dem Reformforum keine reizvolle Perspektive.

Eine andere Deutungsmöglichkeit heißt so: Es hat immer schon zwei Gruppen von Christinnen und Christen gegeben. Die eine Gruppe war mit Jesus unterwegs, sie hat Heimatlosigkeit, Schutzlosigkeit, Familienlosigkeit gelebt und erlebt. Die andere Gruppe hat versucht, Nachfolge in den bestehenden Verhältnissen, also mit Familie und Beruf zu leben und die erste Gruppe materiell unterstützt und deren Lebensstil erst ermöglicht.

Beide Deutungsmöglichkeiten sind sicher nicht ganz falsch, aber sie haben eine Gemeinsamkeit: Sie halten uns die Botschaft vom Leibe.

Was hilft weiter?
Ein Blick in den Kontext zeigt, dass unsere Worte direkt vor der Aussendung der 72 Jünger in Kapitel 10 stehen. Die Zahl 72 war nach 1. Mose 10 die Anzahl der Völker der Welt. Eine große universale Evangelisationsanstrengung wird also mit unseren Worten in Kapitel 9 vorbereitet. Es geht um einen Reformprozess, wie ihn die Welt bis dahin noch nicht gesehen hat. Die, die ausgesandt werden,

Nachfolge heißt Unruhe – hier für die Sonntagsruhe, Frauenhilfe Bochum-Riemke

werden exemplarisch in drei Fallbeispielen auf Situationen vorbereitet, die ihnen unterwegs begegnen können.

So können wir jetzt noch einmal auf die drei Beispiele schauen und uns fragen, wie sie im Lichte dieses (Vorbereitungs-)Zusammenhangs aussehen.

Zunächst begegnen wir dem, der auf der Suche nach Nähe ist. Hier ist ein Mensch, der eine religiöse Heimat haben will. Er möchte ein Zuhause haben in all den widerstreitenden Meinungen über die Frage nach dem richtigen Glauben. Er kommt zu Jesus, weil er glaubt, hier sei diese Heimat vorhanden. Wenn er diesem religiösen Führer in der Nachfolge nahe bleibt, wird seine Sehnsucht gestillt, so denkt er. Aber was er hört in der Bildersprache des Nazareners, ist doch eher beunruhigend. In meiner Nachfolge wirst du Unruhe finden, ja Fremdheit. Nett gemütlich, banal und belanglos ist es hier nicht. „Also wenn du sagst, du möchtest mir nachfolgen, dann gib Acht auf deine Worte. Mein Leben hat schon in einem Stall begonnen und am Ende wird der Galgen stehen auf einer Schutthalde vor Jerusalem. Wenn du immer noch mitkommen willst, dann allerdings wirst du eine Freiheit spüren, eine wunderbare Leichtigkeit des Lebens, wie sie sonst nur die Lilien auf dem Felde oder die Vögel unter dem Himmel haben. Du wirst spüren, dass du in meiner Nähe dem lebendigen Gott begegnen wirst.“

Ausgesandt zum Blick nach vorn – Christen demonstrieren für einen Schuldenerlass der Länder der „Dritten Welt“

An den Nächsten ergeht die Einladung Jesu: „Folge mir nach!“ Gewichtige Gründe hören wir, warum es eine Verzögerung geben muss: Es geht um das 4. Gebot. Es ist eine heilige Pflicht, die Eltern zu bestatten. Rituale, die uns helfen, das Leben zu bewältigen, sind nötig, oder? Jesus schaut kritisch hinter die sich hier zeigende Trauerpraxis. Bei der anstehenden großen Aufgabe, die Jesus bereithält, gibt es keinen Aufschub. Der neue Jünger soll ja gerade ein Leuchtturm für das Leben sein. *Gleich* wird er losgesandt mit den 71 anderen. Er soll das Reich Gottes verkündigen und wird *sofort* von Jesus dazu beauftragt. Ein Schock für alle, die bis zu dieser Beauftragung eine langjährige Ausbildung vorhalten. Unprofessionell soll er mit seinem Leben für eine einzige Wahrheit einstehen: „In diesem Jesus ist mir Gottes Liebe begegnet und diese Liebe wird dich frei machen.“ Das soll seine Botschaft sein, mehr nicht, aber auch nicht weniger.

EVANGELISCHE WOCHENZEITUNG FÜR WESTFALEN UND LIPPE
Ruhe!
Sonntag als Tag der Besinnung, der Ruhe und der Erholung
bedeutet aber auch freie Zeit für Familie, Freunde und Nachbarn.
soll jetzt der Sonntag zum Einkaufstag für die Kunden und zum Arbeit
Beschäftigten im Handel gemacht werden.
nicht! Wir appellieren an die Bundesregierung: Sorgen Sie dafür, das
Grundsatz ein arbeitsfreier Tag für die gesamte Bevölkerung bleibt!
NAME
UNTERSCHRIFT

Erlaßjahr 2000
Entwicklung braucht Entschuldung

Der Dritte kommt gleich mit einem gekonnten Ja-aber zu Jesus. Er möchte Abschied nehmen. Der Weg Jesu jedoch führt in die Zukunft. Das Reich Gottes kommt von vorn entgegen. Der Jünger möchte Abschied nehmen von Dingen, vielleicht von Situationen, die ihm auch Versuchung sind. Das ist gerade das Tückische an der Versuchung, dass sie nicht schwer, sondern leicht ist, nicht bedrückt, sondern Genuss verspricht. Aber du zahlst mit dem Preis der Unfreiheit.

Wer die Hand an den Pflug legt und schaut zurück, der ist nicht geschickt für das Reich Gottes, sagt Jesus.

Liebe Schwestern und Brüder! Drei Fallbeispiele haben wir gehört. Jesus spielt die Situationen durch, die denen begegnen können, die ausgesandt werden, die eine große Aufgabe vor sich haben. Verstehen werden diese Beispiele nur die, die auf dem Wege sind. Und so ist es: Kirche mit Zukunft wird die Kirche in der Nachfolge sein. Diese Kirche weiß: Unsere Zukunft ist das Reich Gottes. So können diese Fallbeispiele unseren Reformschritten Richtung geben.

5. Offene Tore

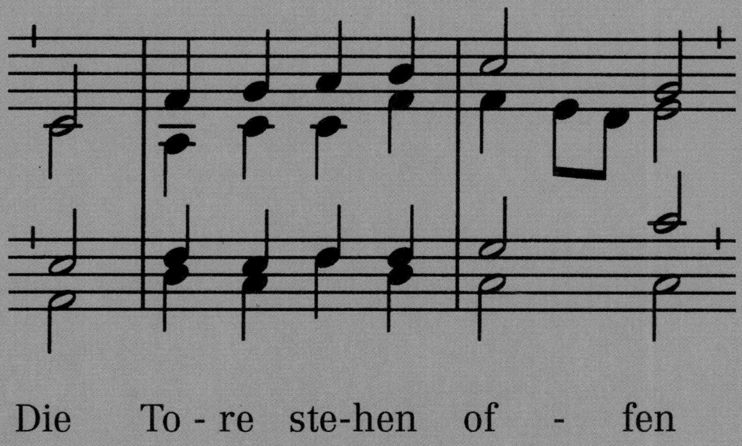

Rhythmus

wachsen

Provokation

bereit

zuversichtlich

Umbau

Lebensmacht

Quelle

Offenheit

scharfsichtig

Zusage

ernten

Wirkkraft

lebendig

Dorothee Franke-Herber

Türöffner Gottes

(Offenbarung 3,8)

Das sagt der Heilige, der Wahrhaftige: Ich kenne deine Werke. Siehe, ich habe vor dir eine Tür aufgetan und niemand kann sie zuschließen; denn du hast eine kleine Kraft und hast mein Wort bewahrt und hast meinen Namen nicht verleugnet.

Eine Landessynode geht zu Ende. Wir haben uns in unserem Aufbruch bestärkt und in unserer Zielsetzung vergewissert. Wir haben uns verabredet für Wegrichtungen und Wegstrecken in unserer westfälischen „Kirche mit Zukunft“.

Am Anfang dieser Wegorientierung steht die Zusicherung, dass unsere Werke gekannt sind. In allem, womit wir uns anstrengen und manchmal auch übernehmen, in unserem Tun und Lassen, sind wir wahrgenommen bis auf den Grund. Das ist befreiend. Wenn uns

Ich habe vor dir eine Tür aufgetan – Stiftskirche Enger

Den richtigen Schlüssel finden – Marienkirche Lippstadt

der rote Faden unseres Lebens schon mal aus der Hand gleitet, wenn unsere gut überlegten Vorhaben in Sackgassenerfahrungen münden, wenn wir Träume zu unseren Herren gemacht haben, kann uns dennoch die Zuversicht tragen, dass es für jeden Weg einen Plan gibt.

Unsere Werke sind Stückwerke. Welche Wirkungsgeschichte sie auslösen, wird vielleicht erst die nachfolgende Generation aufdecken. Aber in all diesem Stückwerk gilt das Versprechen: „Ich kenne deine Werke und ihre Wirkungen. Und auch wenn du sie als vorläufig erfährst – sie laufen nicht ins Leere und nicht vor die Wand. Denn siehe, ich habe vor dir eine Tür aufgetan und niemand kann sie zuschließen."

Neue Türen entdecken –
Evangelische Kirche Haßlinghausen

Türen zu den Herzen der Menschen –
Evangelische Kirche Recke

Die meisten von uns haben verinnerlicht, selber Türöffner und -öffnerinnen sein zu müssen. Das macht uns Druck, weil damit auch die bange Frage verbunden ist: Werden wir den richtigen Schlüssel finden

- zu den Herzen der Menschen, wenn wir predigen und Seelsorge üben?
- zu den Begabungen der Menschen, wenn wir sie zu bestimmten Projekten einladen möchten?
- zu den festsitzenden und verknoteten Vorurteilen, wenn wir Konflikte lösen müssen?
- zu den Zeichen der Zeit, wenn wir die Wegrichtung für unsere Kirche überprüfen?

Wir stehen unter dem Druck, im richtigen Augenblick richtige Türen öffnen zu müssen. Natürlich können wir diesen Druck theologisch entlarven und entkräften – und dafür haben wir dann auch unsere Sätze: „Nicht *wir* können die Zukunft herbeizwingen, nicht *wir* können die Menschen verändern. Das Universum entfaltet sich auch ohne uns – und was wo wen ins Herz trifft, das müssen wir schon dem Heiligen Geist überlassen." Wir haben diese Sätze und Einsichten im Kopf; dennoch vertreiben sie nicht den Druck.

Ich bekenne mich dazu, dass ich immer auf der Suche nach Schlüsseln bin: um Kommunikation zu öffnen, um verkrustete Sprache zu öffnen, um geistliche Enge zu öffnen, um Denkbarrieren zu öffnen – und die Schlüssel nicht zu finden, gehört für mich zu den schmerzhaftesten Ohnmachts- und Vergeblichkeitserfahrungen. Vielleicht geht es Ihnen ähnlich – und vielleicht hat deshalb das Wort von der Tür, die sich ohne unser Zutun öffnet, seine besondere Anziehungskraft.

„Siehe, ich habe vor dir eine Tür aufgetan und niemand kann sie zuschließen." Wo die Wand am dicksten erscheint, lässt sich durchgehen. Wo mein so sorgsam überlegter Schlüssel nichts ausrichtet, passt ein anderer. Wo das Labyrinth am tiefsten und dunkelsten aussieht, wird es hell.

„Ich kenne deine Werke. Siehe, ich habe vor dir eine Tür aufgetan …" In genau dieser Satzfolge und mit milder Nachsicht wird unserer Werke-Verliebtheit begegnet. Da steht nicht: „Ich missbillige deine

Werke, ich will sie nicht." Sondern: „Ich kenne deine Werke. Sie sind wie sie sind. Gerade deshalb habe ich vor dir eine Tür aufgetan. Denn du hast eine kleine Kraft ..."

Wir alle wissen, dass unser Kräftemaß unterschiedlich ist. Was für den einen ein Maulwurfshügel ist, über den sich locker mit einem Schritt hinweggehen lässt, ist für die andere ein Berg, für dessen Aufstieg sie Tage braucht. Was die eine mit leichter Hand nebenher macht, ist für den anderen ein Monatsprojekt. Manche *unter*schätzen ihre Kräfte, manche *über*schätzen sie, manche winden sich selbstgefällig einen Lorbeerkranz und manche treten die Blüten ihrer Möglichkeiten achtlos nieder.

Wie auch immer es um unser Kräftemaß bestellt ist, wie auch immer wir es selbst einschätzen, im Spiegel des Bibelverses gilt: „Du hast

Gott schenkt offene Tore – Marienkirche Lippstadt

eine kleine Kraft." Gemessen an dem, was sein könnte und müsste, gemessen an den kraft- und lebensvollen Möglichkeiten Gottes, gemessen an den sich entfaltenden Wundern seiner Schöpfung, sind wir dürftig und bedürftig. Und das darf so sein. Ich muss mich meiner kleinen Kraft nicht schämen. Ich muss die Tür nicht selbst aufstemmen. Die Kraft muss nur reichen zum Durchgehen.

Und jetzt schließt sich der letzte Teil des Verses an. Er ist der herausforderndste, weil er *Zusage* und *Zumutung* enthält: „Du hast mein Wort bewahrt und meinen Namen nicht verleugnet." Dieser Satz könnte als Belobigung verstanden werden: „Ihr macht das nicht schlecht mit meinem Wort. Ihr müht euch, es verständlich rüberzubringen; ihr füllt es in immer neue Gefäße und kleidet es in immer neue Sprachgewänder; ihr geht verantwortlich damit um."

Aber ich lese den Satz anders. Die Grundmelodie dieser Aussage ist nicht Streicheln, sondern Behaften: „Das Wort zu bewahren ist eure Gabe und eure Aufgabe. Da hilft kein ‚Ich bin zu jung, Herr; ich bin nicht gut drauf; ich bin doch nur Laie'. Mag eure Kraft auch klein sein und eure Werke Stückwerke – das Wort bewahren und das Lied von der Versöhnung singen – daraus werdet ihr nicht entlassen. Und hierfür gilt genauso: ‚Ich habe vor dir eine Tür aufgetan und niemand kann sie zuschließen.'"

Wenn wir uns nach dieser Landessynode trennen, bleiben wir miteinander auf gemeinsam verabredetem Weg. Dieser Weg wird Höhen und Tiefen haben, dicke und dünne Wände – und Türen, die vielleicht für uns noch nicht sichtbar sind. Wir leben von der Hoffnung, dass sich neue Räume erschließen werden. Wir vertrauen darauf, dass Gottes Hand fest auf unserer Schulter liegt und sein guter Geist uns durch die Wirrnisse dieser Zeit führt. Er wird unseren Fuß nicht gleiten lassen und der uns behütet, schläft nicht.

Rolf Krebs

Hundstage

(Johannes 4,5–14)

Man nennt sie wohl „Hundstage“ – wenn das Thermometer die 35 Grad-Marke erreicht oder gar überschreitet, wenn kein Wölkchen am Himmel zu finden ist und kein Lüftchen sich regt, wenn jede auch nur kleinste Anstrengung schweißtreibend wirkt.

Dann sehnt man sich nach Abkühlung, nach einem Sprung ins kalte Wasser, nach der Kühle des Abends und einem erfrischenden Getränk, das den quälenden Durst löscht: Wüstenerfahrung und Sehnsucht nach Oase. Wasser – an den „Hundstagen“ wird es besonders spürbar, wie wichtig, ja lebensnotwendig Wasser ist. Ohne Wasser können wir nicht leben, weder Mensch noch Tier, weder Baum noch Strauch. Wasser ist *das* belebende Element.

An einem solchen „Hundstag“ sitzt Jesus ausgerechnet in der 6. Stunde, zur Zeit der größten Mittagshitze am Jakobsbrunnen in Sychar nahe Sichem. Er ist allein, seine Jünger sind in die Stadt gegangen zum Einkaufen. Da kommt eine Frau, eine Samariterin, um

Lebendiges Wasser, Brunnen des Lebens – Bronzeplastik vor der Evangelischen Stadtkirche Gronau

Wasser aus dem Brunnen zu schöpfen. „Gib mir zu trinken!“, sagt Jesus zu ihr. „Wieso bittest du mich darum, dir zu trinken zu geben, der du doch ein Jude bist und ich eine Samariterin?“ Schließlich weiß jeder, dass Juden nicht mit Samaritern verkehren ...

„Wenn du wüsstest, wer der ist, der zu dir sagt: Gib mir zu trinken!, so hättest *du ihn* gebeten, und *er* hätte *dir* lebendiges Wasser gegeben“, setzt Jesus das Gespräch fort. *„Lebendiges Wasser?“*, fragt die Frau zurück, „woher willst du lebendiges Wasser nehmen? Du hast nicht einmal ein Schöpfgefäß, und der Brunnen ist tief ...“

„Jeder, der aus diesem Brunnen trinkt, wird irgendwann wieder Durst bekommen. Wer aber von dem Wasser trinkt, das *ich* ihm geben werde, der wird in Ewigkeit nicht mehr dürsten; vielmehr wird das Wasser in ihm zu einer Quelle werden, die sprudelt, um *ewiges Leben* zu spenden“, sagt Jesus zu ihr (Johannes 4,5–14).

Nicht nur an „Hundstagen“ sehnen wir uns alle nach solchem *lebendigen Wasser*: nicht mehr schöpfen müssen und nie mehr unter Durst leiden müssen, ja selbst zur Quelle für andere zu werden, heil und ewig zu leben in einer heilen Welt, in der Wasser kein Verteilungsproblem mehr darstellt, in der es keine Fluten und keine Dürrekatastrophen mehr gibt.

Sehnsucht pur und pure Verheißung zugleich: *Jesu Verheißung lebendigen Wassers* für die Samariterin am Jakobsbrunnen von Sychar, für uns in den Wüstenerfahrungen unseres Lebens – auch in denen unserer Kirche, die auf Grund jener Verheißung Zukunft hat, die wir mit allen Kräften und viel Phantasie mitgestalten dürfen, weil eben jenes lebendige Wasser in uns zu einer Quelle werden möchte, die sprudelt, um ewiges Leben zu spenden.

Zum 100-jährigen Jubiläum der Evangelischen Stadtkirche in Gronau nahe der holländischen Grenze wurde auf dem neu gestalteten Vorplatz ein Brunnen aufgestellt, eine Bronzeplastik, die in einem größeren Kreis fünf zumeist jüngere Menschen in unterschiedlichen Lebenshaltungen mit verschiedenen Temperamenten zeigt. Die fünf Figuren symbolisieren die fünf Erdteile und damit die Menschen der ganzen Welt, für die das Wasser, das aus dem Brunnen sprudelt, die Lebensgrundlage bildet.

Doch der Mensch braucht für das wahre, das wirkliche, das sinnerfüllte Leben, das über die äußeren Lebensbedingungen und -notwendigkeiten hinausgeht, noch etwas anderes – eben das *lebendige Wasser*, von dem Jesus spricht und das er für uns bereithält.

Deshalb steht dieser Brunnen ganz bewusst vor der Kirche: Draußen fließt das Wasser aus dem Brunnen, das gerade an den „Hundstagen" willkommene Erfrischung bietet, in der Kirche, in den Gottesdiensten, die hier gefeiert werden, wird das *Wasser des Lebens* angeboten und dargereicht, das aus dem Wort Gottes und aus den Sakramenten hervorkommt. Deswegen gilt Jesu zeitlose Einladung: *„Kommet her zu mir alle, die ihr mühselig und beladen seid, ich will euch erquicken!"* (Matthäus 11,28)

Der Brunnen vor der Stadtkirche in Gronau ist so angeordnet, dass er in gerader Linie zum Hauptportal und zum Mittelgang steht, der direkt auf den Altarraum und das dahinter befindliche Kirchenfenster zuführt, das Jesus im Kreis seiner Jünger beim letzten Abendmahl zeigt, als er das Heilswort über dem Kelch spricht: Deshalb trinket alle daraus, dass der Durst eures Lebens wahrhaftig gelöscht wird …

Schon der alttestamentliche Beter konnte im 36. Psalm bekennen:
„Wie köstlich ist deine Güte, Gott, dass Menschenkinder unter dem Schatten deiner Flügel Zuflucht haben! Sie werden satt von den reichen Gütern deines Hauses, und du tränkst sie mit Wonne wie mit einem Strom.
Denn bei dir ist die Quelle des Lebens und in deinem Lichte sehen wir das Licht."

In der Begegnung mit dem lebendigen Gott des alten wie des neuen Bundes werden wir eben immer wieder an die Quelle geführt, die niemals versiegt.

Zurück zum Jakobsbrunnen in Sychar! Ganz folgerichtig bittet die Samariterin: „Herr, gib mir dieses Wasser, damit ich nicht dürste und nicht hierher kommen muss, um zu schöpfen!"
Das klingt zunächst recht vordergründig nach der Möglichkeit eines bequemen Lebens ohne das ständige und oftmals lästige Wasserholen am Brunnen. Doch es geht schon bald in die Tiefe, als Jesus ihr

Kreis des Lebens,
Rad der Welt –
Gott stillt den Durst
nach Gutem, Ewigem

zeigt, dass er sie und ihre nicht immer geradlinige Lebensgeschichte sehr wohl kennt, ohne sie jemals zuvor gesehen oder gar mit ihr gesprochen zu haben: „Herr, ich sehe, dass du ein Prophet bist", und weiter im Laufe des Gesprächs: „Ich weiß, dass der Messias kommt, der der Christus genannt wird; wenn dieser kommt, wird er uns alles kundmachen."

Und dann die bedeutungsvollen Worte Jesu, mit denen die Wende des Tages zur Wende des Lebens dieser Frau werden: „Ich bin es, der ich mit dir rede!" (Johannes 4,15 – 26)

Wer *ihm*, dem Christus, begegnet, der kann nicht schweigen, sondern muss von *ihm* weiter erzählen. So auch die Frau, die zurückkehrt in die Stadt und von ihrem Erlebnis am Brunnen berichtet: „Er ist es, mit dem ich geredet habe!"

Wer von diesem lebendigen Wasser getrunken hat, der kann nicht anders als selbst zur Quelle zu werden, aus der dieses lebendige Wasser sprudelt, das eben nicht nur Leben ermöglicht, sondern – und das ist das Entscheidende! – die Verheißung des *ewigen* Lebens in sich trägt.

So schwierig die Probleme in unserem persönlichen, gesellschaftlichen oder auch kirchlichen Leben sein mögen, so kompliziert und oft auch unlösbar viele Fragen erscheinen, wir dürfen – wie seinerzeit die Frau am Brunnen von Sychar – voller Vertrauen in die Zukunft blicken, die letztlich unserem Gott gehört. Auf den neuen Wegen, die er uns weist, begleitet uns seine Verheißung. Darum zu wissen, macht uns getrost, hoffnungsvoll und zuversichtlich – selbst an den „Hundstagen" unseres Lebens.

Maria Barutzky-Jürgens

Aktive Gelassenheit

(Lukas 8,22–25)

Haben Sie sich das Relief über dem Haupteingang des Landeskirchenamtes schon einmal näher angesehen? Eine kleine Umfrage unter Mitarbeitenden in unserem Haus ergab, dass nur ganz wenige wissen: Das Relief zeigt eine Szene aus der Erzählung von der *Stillung des Sturms*, die in den Evangelien überliefert wird.
Man muss bewusst hochschauen, wenn man das Relief überhaupt entdecken will – und wer tut das schon? Wer das Landeskirchenamt betritt oder es verlässt, geht zügig und zielgerichtet und richtet kaum die Blicke nach oben.

Trotzdem: Das Bild steht gleichsam wie eine Überschrift über denen, die hier ein und aus gehen. Es ist als das Motto gedacht, unter dem alle Arbeit getan werden soll. Betrachten wir es einmal näher und versuchen, die Botschaft dieses steinernen Bildes zu entfalten.

> *Und es begab sich an einem Tage, dass er in ein Boot stieg mit seinen Jüngern; und er sprach zu ihnen: Lasst uns über den See fahren. Und sie stießen vom Land ab. Und als sie fuhren, schlief er ein. Und es kam ein Windwirbel über den See und die Wellen überfielen sie, und sie waren in großer Gefahr. Da traten sie zu ihm und weckten ihn auf und sprachen: Meister, Meister, wir kommen um! Da stand er auf und bedrohte den Wind und die Wogen des Wassers, und sie legten sich und es entstand eine Stille. Er sprach aber zu ihnen: Wo ist euer Glaube?*
> *Sie aber fürchteten sich und verwunderten sich und sprachen zueinander: Wer ist dieser? Auch dem Wind und dem Wasser gebietet er und sie sind ihm gehorsam.*

Jesus stillt den Sturm! Mitten im Boot steht die Gestalt, die zunächst den Blick auf sich zieht: Jesus steht aufrecht und fest gegründet, fast monumental. Die Hände sind erhoben zu einer Geste des Segnens, das Gesicht ist auf die Betrachtenden gerichtet. Die Haltung deutet zugleich den Gekreuzigten an: Der Gekreuzigte und Auferstandene wendet sich segnend den Menschen zu. Er bleibt beständig, unerschüttert von den Wogen, die in das Boot einzudringen drohen. Die Wellen am unteren Rand des Bildes deuten nur an: Ganz schlicht, fast ornamental sind sie gestaltet, doch weisen sie auf die bedrohliche Tiefe hin, die Unsicherheit, die Gefahr, in der sich die Menschen im Boot befinden.

Das Boot selbst bietet fast keinen Schutz mehr. Tief eingesunken ist es in den Fluten. Seine Wände sind kaum noch sichtbar. Wenn das Schiff als Symbol für die Kirche zu verstehen ist, so wird hier die Kirche gezeigt in ihrer Zerbrechlichkeit und in ihrer Gefährdung.

Das Kirchen-Schiff über bedrohlicher Tiefe – Portalfries am Landeskirchenamt

Die übrigen Gestalten im Boot, die Jünger, sind sichtlich in großer Verwirrung. Einige halten ängstlich und doch voller Erwartung den Blick auf Jesus gerichtet, andere starren verzweifelt in die drohenden Fluten, einer blickt resigniert zu Boden. Ein anderer schließlich – auf der linken Seite – hat sich ganz abgewandt, enttäuscht hat er Jesus den Rücken gekehrt: Von ihm ist nichts mehr zu erwarten.

Es fällt auf, dass die Jesusgestalt, so stark sie auch das gesamte Bild prägt, nicht über die Jünger hinausragt. Jesus bleibt auch in der größten Gefahr mitten unter ihnen auf Augenhöhe.

Das Relief stammt aus dem Jahr 1956, aus der Zeit, als das Landeskirchenamt gebaut wurde. Der Bildhauer Arnold Rickert hat es geschaffen, ein engagierter Christ, Professor und Dozent an der Bielefelder Werkkunstschule. Viele Jahre war er Mitglied des landeskirchlichen Bauausschusses. Der Stil der Darstellung erinnert an die

Jesus schenkt Errettung in stürmischer Zeit

romanische Kunst. Klarheit der Aussage und Schlichtheit der Linienführung kennzeichnen das Werk. Rickerts kirchliche Arbeiten fallen in die Zeit des Wiederaufbaus und des Neubaus vieler Gotteshäuser, auch in unserer Landeskirche.

Was mag die entscheidenden Gremien damals bewogen haben, gerade dieses Motiv über den Haupteingang des neuen Landeskirchenamtes zu setzen und es damit gleichsam auch als Leitmotiv für die neu gegründete Landeskirche zu wählen?

Gewiss sprach da die Erfahrung, gerettet zu sein: gerettet aus einem brutalen Krieg, aus einer mörderischen Diktatur, gerettet auch vor einer ideologischen Vernichtung des christlichen Glaubens. Vielleicht klangen auch in einigen die Worte des Theologen Karl Barth nach: Er hatte im Jahr 1935 bei dem Gemeindetag „Unter dem Wort" zu Wuppertal-Barmen diesen Text, die Erzählung von der Stillung des Sturms, gepredigt und damals gesagt:

„Es kann geschehen, dass die Kirche klein werden muss in der Welt, ohnmächtig, einflusslos und zerstreut, aber eines kann nicht geschehen: Die Kirche kann nicht untergehen, denn ihr Herr ist und bleibt in ihrer Mitte … Was die Kirche rettet, das ist zu allen Zeiten gewesen und wird zu allen Zeiten sein: die Hand Gottes, die in Jesus Christus ausgestreckt ist nach uns Menschen."

Die Erfahrung der Rettung, das Vertrauen auf den, der den Fluten des Bösen Einhalt gebieten kann – das mag das Motiv gewesen sein, dieses Relief zu wählen; diese alte Erzählung, in der so viel aufbewahrt ist: die Erfahrung von Menschen und die Verheißung Gottes – so zeitlos und so aktuell ausgedrückt. Dieses Leitmotiv sollte die Evangelische Kirche von Westfalen in die Zukunft begleiten.

Und heute, welches Motiv aus der Erzählung von der Stillung des Sturms wäre heute zu betonen? Wie würde ein Künstler das Relief im Jahr 2003 gestalten? Vielleicht wäre da der schlafende Jesus zu sehen und nicht die triumphierende Rettergestalt. Erleben ihn viele von uns heute nicht eher so: schlafend, kaum wahrzunehmen, verborgen, ohnmächtig fast in den Wogen von Gewalt und Kriegen, die uns umgeben, in dem Meer von Gleichgültigkeit und der Ausbeutung der Schöpfung?

Gewiss wären auch die Jüngerinnen und Jünger zu sehen – wie damals ängstlich und verzagt, undeutlich und verwickelt in hektische Aktivität. Wir würden unsere eigenen Gesichter entdecken, uns wiedererkennen – in dem verzweifelten Wunsch, Jesus aufzuwecken, ihn endlich als den Retter zu erleben: „Herr, hilf, wir gehen unter! Unsere Kirche versinkt in Bedeutungslosigkeit, wir Christen werden zur Randerscheinung. Wir sehen dich kaum noch – warum schläfst du?“

Vertrauen statt Verzagtheit

Ja, es müsste der schlafende Jesus dargestellt sein – denn daraus könnten wir eine Lehre ziehen, eine wichtige Botschaft erhalten: Der schlafende Jesus ist nicht aus Desinteresse entschlummert, er unterschätzt nicht naiv die drohende Gefahr. Er schläft in unendlichem Vertrauen auf Gott, geborgen im Vertrauen auf den, der Sturm und Wogen geschaffen hat und ihnen gebieten kann. Damit gibt er uns ein Beispiel dafür, was es heißt zu glauben: in Stürmen der Angst, im Sog der Verzweiflung so vertrauensvoll zu bleiben, wissen und sicher zu sein: Gott wird mich retten! Er wird die Kirche retten!

Der schlafende Jesus, ein Sinnbild für Gottvertrauen und Gelassenheit: So beruhigt kann jemand sein, der auf Gott vertraut. Beruhigt wohlgemerkt und nicht: verschlafen.

Das Relief über dem Eingang unseres Landeskirchenamts soll dieses Vertrauen wecken und bestärken. Seine Botschaft heißt: Der schlafende Jesus ist zugleich der, der auferweckt ist. Über die Zeit hinweg ist er lebendig bei uns. Seine schöpferische, lebensspendende Kraft kann die Macht des Grauens bändigen, das so viele Namen hat.

Alle, die hier aus und ein gehen, erinnert das Relief daran: Jesus Christus empfängt uns, segnend über den Fluten stehend, er lädt uns ein zum Vertrauen und zu aktiver Gelassenheit. Er gibt der Kirche Zukunft, denn er ist und bleibt in ihrer Mitte.

Der Segen des Auferstandenen begleitet uns hinaus, wenn wir dieses Haus verlassen, ist mit uns, wohin wir auch gehen.

Karin Moskon-Raschick

Zwischen Staubschutzwänden und Plastikplanen

(1. Korinther 3,11)

Wenn man, so wie wir, Tag für Tag und Woche für Woche auf einer Baustelle arbeitet, wenn man zwischen Staubschutzwänden und Plastikplanen hindurchsteigt und allmählich nicht nur seine eigenen Akten, sondern auch die Kolleginnen und Kollegen nicht mehr wiederfindet, und wenn man, was die inhaltliche Arbeit im Hause betrifft, Vorlagen erstellt, mit Hilfe derer zwischen Perspektivausschuss auf der einen und Finanzausschuss auf der anderen Seite die Zukunft der Kirche gestaltet werden soll, dann drängt sich der Gedanke auf, nicht nur das Landeskirchenamt, die ganze Kirche ist eine Baustelle.

Das wäre ja an sich nichts Schlimmes, denn für eine Kirche der Reformation gehört es sich schließlich, dass sie für ständige Reformen und Veränderungen, ja für Umbauten offen ist. Von daher ist der Zustand einer sich im Umbau befindlichen Kirche für einen protestantischen Christenmenschen im Prinzip nichts Bedrohliches, wenn, ja wenn da nicht ab und zu der Gedanke aufkäme: Ob wohl jemand weiß, worauf das Ganze hinausläuft? Ob wohl jemand eine Vorstellung davon hat, was am Ende des Umbaus stehen soll?

Was den Umbau des Landeskirchenamtes betrifft, so bin ich da ganz zuversichtlich. Da sind die Zuständigkeiten geregelt. Wir haben schließlich ein Bauamt und einen Bauausschuss, und wenn es auch mir und vielen anderen völlig verborgen ist, was am Ende dabei herauskommen soll, *die* werden es schon wissen.

Aber wie sieht das mit den Umbauten am Haus Kirche aus? Welche Gestalt wird die Kirche annehmen? Das ist für uns alle keine theoretische Frage, denn wir spüren die Auswirkungen auch dieser Art Bauarbeiten täglich und ganz unmittelbar. Wir spüren sie an dem Mehr auf unseren Schreibtischen und an dem Weniger in unserem Portemonnaie; wir spüren sie in unserem Kopf und in unserem Herzen. Wir spüren sie daran, ob wir motiviert an unsere Arbeit gehen oder eher deprimiert, ob wir trotz Lärm und Schmutz gerne das Landeskirchenamt betreten oder ob wir heilfroh sind, wenn wir die Tür hinter uns zumachen können. Und wir spüren sie noch tiefer gehend an der bangen Frage: Ist dies, was sich hier ständig verändert, eigentlich noch meine Kirche oder wird es nach Abschluss der Umbauten noch meine Kirche sein?

Neue Fenster nach dem Umbau des Landeskirchenamtes – westfälische Liederdichter

EG 70: Altes auf neue Weise – ein Lied von Philipp Nicolai (1599)

Das Bild von der Kirche als einem Bauwerk inklusive Baustelle ist kein neues Bild, das sich nur uns aufgrund unserer alltäglichen Erfahrung aufdrängt. Es ist schon ein biblisches Bild, das vor allem der Apostel Paulus gerne benutzt. Er vergleicht die Kirche Jesu Christi mit einem Haus, das sich im Bau befindet. Er spricht über Baugrund und Baumaterial, über den Bauherrn und über die Bauarbeiter. Nur über eines spricht er nicht: Er malt uns kein Bild vor Augen von der Endgestalt der Kirche. Was wir so gerne hätten, quasi eine Computeranimation davon, wie die Kirche am Ende aller Bau- und Umbauarbeiten aussehen wird, das liefert uns Paulus auch nicht. Stattdessen lenkt er unsere Blicke in eine ganz andere Richtung. Paulus verweist auf das Fundament des Hauses und er tut dies so oft und so eindringlich, dass man merkt: Daran liegt ihm viel, auf das Fundament kommt es ihm wirklich an.

Einer dieser Verse, in denen er auf das Fundament des Hauses Kirche verweist, steht im 1. Korintherbrief 3,11:

> *Einen andern Grund kann niemand legen als den, der gelegt ist, welcher ist Jesus Christus.*

Das Fundament des ewigen Hauses Gottes hat einen Namen, Jesus Christus. Und dieser Name ist Programm.

Das Haus, das sich auf ihn gründet, ist gebaut auf dem Fundament der *Liebe*. Das hält und trägt auch dann noch, wenn es oben im Bau wegen Lieblosigkeit an dieser oder jener Ecke zu bröckeln anfängt. Reparaturen am Haus sind ja möglich, auch Verbesserungen. Wenn die Liebe es gebietet, dann darf ruhig mal was abgerissen werden, was sich überlebt hat oder sich nicht mehr bewährt – wenn nur auf das Fundament Verlass ist.

Das Fundament der Liebe Christi aber ist verlässlich, denn es hat sich als tragfähig erwiesen. Es hat sogar durch den Tod hindurch getragen.

Das Haus, das sich auf Jesus Christus gründet, ist gebaut auf dem Fundament der *Versöhnung*. Darum können so viele unterschiedliche Menschen in diesem Haus wohnen. Vielfalt und Verschiedenheit sind hier Ausdruck von Reichtum. Dieses Haus hat weit geöffnete Türen, es steht offen für alle, die einkehren wollen oder die zurückkehren wollen. Dieses Haus steht mitten in der Welt, und Gott ist in der Welt, und die Welt ist nicht mehr fern von Gott, denn in Christus hat Gott die Welt mit sich versöhnt. Darum hört man Musik in diesem Haus und Kinderlachen. Kunst und Schönheit haben da ihren Ort, Neugier wie Weisheit werden geachtet, Stärken gefördert, Schwächen geschützt. Die Welt ist mit Gott versöhnt, darum gilt in diesem Haus: Alles ist euer, ihr aber seid Christi.

Das Haus, das sich auf Jesus Christus gründet, steht auf dem Fundament der *Hoffnung*. Weil in Jesus sichtbar wurde, wer Gott für die Menschen ist, gibt es einen Grund zur Hoffnung. Weil in Jesus sichtbar wurde, dass Gott rettet und heilt, dass er das Leben will und selbst dort noch Möglichkeiten hat, wo wir keinen Ausweg mehr sehen. Darum gibt es in diesem Haus keinen hoffnungslosen Fall.

So lange das Haus noch nicht vollendet ist, werden darin auch Krankheit und Leiden und Verzweiflung zu Hause sein. Selbst der Tod ist ständiger Gast, aber er hat dort nicht das Sagen. Christus hat dem Tod die Macht genommen und dem Leben zum Sieg verholfen, darum gibt es einen Grund für die Hoffnung.

Liebe, Versöhnung und Hoffnung heißen die Steine des Fundamentes Jesus Christus – und auf diese Steine können wir bauen.

Paulus wusste wohl oder ahnte es zumindest, dass es zu allen Zeiten eine besondere Versuchung für die Kirche ist, sich auf das zu verlassen, was Menschen denken und wissen, was sie können und leisten.

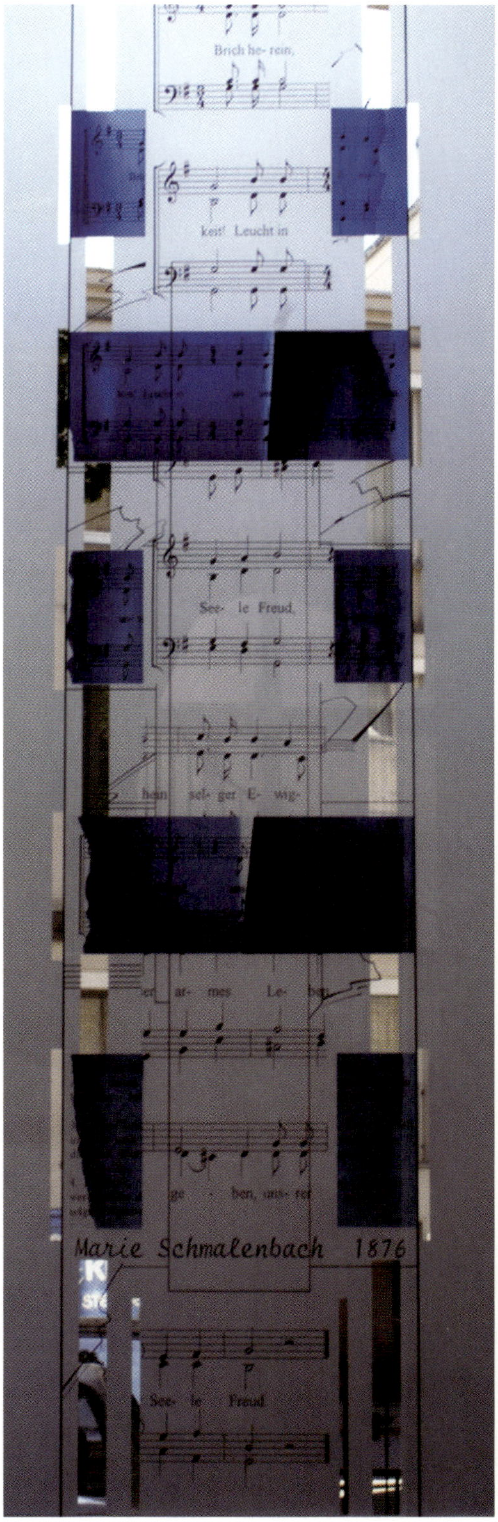

EG 572: Neue Sichtweisen – ein Lied von Maria Schmalenbach (1876)

Menschliches Planen und menschliches Tun sind aber kein tragfähiger Grund. Jesus Christus ist der Grund. Er allein.
Um auf dieses allein tragende Fundament auch für unsere Kirche hinzuweisen, wurde in das Bronzekreuz der Evangelischen Kirche von Westfalen dieser Vers aus dem 1. Korintherbrief eingearbeitet:

> *Einen andern Grund kann niemand legen als den,*
> *der gelegt ist, welcher ist Jesus Christus.*

In einer Zeit nun, in der sich einschneidende Veränderungen vollziehen und etliche Umbauten am Haus Kirche begonnen haben, ist es besonders wichtig, auf das Fundament zu achten, sich am Fundament zu orientieren.

Die Renovierungsarbeiten am Haus Kirche erfordern Konzeptionen, die die *Liebe* Christi Gestalt werden lassen. Die Liebe sucht bekanntlich nicht das Ihre, sondern hat das Wohl des anderen im Blick. Die Liebe nimmt das Wesentliche wahr, sie lässt sich nicht täuschen von Masken und Fassaden. Die Liebe macht nicht blind, im Gegenteil, sie ist scharfsichtig und sieht den anderen so, wie Gott ihn gemeint hat. Die Liebe gibt der Welt, was sie wirklich braucht, die gute Nachricht vom Kommen Gottes in Jesus Christus.

Die Renovierungsarbeiten am Haus Kirche erfordern Strukturen, die die *Versöhnung* spiegeln. Die Versöhnung der Welt mit Gott gründet in seinem Nein zur Sünde und in seinem Ja, das er zum Sünder sagt. Welche Klarheit, welche Freiheit liegt darin. Sünde kann beim Namen genannt werden, doch der Sünder ist ihrer Macht entzogen. Er kann Mensch sein und Gott Gott sein lassen. Er ist dem Diktat der Moral entzogen, die aus ihm einen besseren Menschen machen will, und lebt in der Freiheit der Verantwortung vor Gott. Eine Kirche, die die Versöhnung spiegelt, braucht sich nicht um political correctness zu bemühen. Sie weiß um die Realität der Sünde, aber sie lebt aus der größeren Realität der Vergebung.

Die Renovierungsarbeiten am Haus Kirche erfordern Visionen, die aus der *Hoffnung* leben. Hoffnung kann aber nur haben, wer um die Zukunft weiß. Christen wissen, dass Gott der Herr der Zukunft ist, ihrer eigenen Zukunft und der Zukunft der Welt. Daraus schöpfen sie ihre Hoffnung. Jesus Christus ist für sie der Einzige, auf den die

Hoffnung zu setzen sich lohnt. Darum kann eine Kirche, die auf dem Fundament Jesus Christus gründet, auf Menschen als Hoffnungsträger verzichten, aber sie braucht dringend Menschen, die in Jesus Christus gegründet sind und darum Hoffnung haben, Hoffnung auch für die Kirche.

Liebe, Versöhnung und Hoffnung heißen die Steine des Fundamentes Jesus Christus.

Auf dieses Fundament lenkt Paulus unseren Blick, auch und gerade dann, wenn *wir* unseren Blick etwas bang in die Zukunft richten und fragen: Wird das, was am Ende der Umbauarbeiten steht, auch noch meine Kirche sein?

Ob es noch meine Kirche ist, ist aber keine Frage des Geschmacks, ob mir dieser oder jener Anbau gefällt, ob ich lieber mehr oder weniger Türen gehabt hätte oder ob ich über den Abriss eines mir lieben Nebengebäudes trauere.

Ob es noch meine Kirche ist, das entscheidet sich, folge ich Paulus, am Fundament. Ist weiterhin Jesus Christus das Fundament, der einzige Grund, der gelegt ist, dann ist es auch meine Kirche, sonst allerdings nicht.

Christof Windhorst

Kunstdünger für Gottes Reich?

(Markus 4,26–29)

Wie steht es mit der Herrschaft Gottes im „Zeitalter der Angst"? Wie steht es mit der Kirche Jesu Christi, die Gottes Herrschaft ansagt? Der Kirche und dem Glauben weht der Wind ins Gesicht. Die Zahl derer, die zu ihr halten, sinkt. Viele geben dem Christusglauben den Abschied. Manche wenden sich anderen Religionen zu. Wie also steht es mit der Herrschaft Gottes, wenn andere Herrschaften Menschen in ihre Maßstäbe zwingen, die so oft Härte und Kälte verbreiten und der Würde des Menschen ins Gesicht schlagen? Gibt es eine Hoffnung auf die Herrschaft Gottes? Jesus erzählt dazu ein Gleichnis (Markus 4,26 – 29).

> *Und Jesus sprach: Mit der Herrschaft Gottes steht es so, wie wenn ein Mensch Samen aufs Land wirft und schläft und aufsteht, Nacht und Tag; und der Same geht auf und wächst – er weiß nicht wie. Denn von selbst bringt die Erde Frucht, zuerst den Halm, danach die Ähre, danach den vollen Weizen in der Ähre. Wenn sie aber die Frucht gebracht hat, so schickt er alsbald die Sichel hin; denn die Ernte ist da.*

Wir nehmen die besondere Art der Rede Jesu wahr, den wohltuenden Rhythmus der Sprache, die Folge der Worte und Bilder. Darin liegt etwas Beruhigendes und Gewissmachendes: Der Mensch sät. Danach ruht er und steht wieder auf. Er geht seinem Tagewerk nach. Er lebt im heilsamen Rhythmus von Tag und Nacht, Saat und Ernte; denn die Saat geht auf und wächst. Die Erde bringt Frucht, die Ähren reifen, die Ernte ist da. Wiederholt sich mit diesen Worten der Bund Gottes mit Noah (1. Mose 8,22)?

> *Solange die Erde steht, soll nicht aufhören Saat und Ernte,*
> *Frost und Hitze, Sommer und Winter, Tag und Nacht.*

Jesus holt die Menschen, die ihm zuhören, mit seinen Worten in die Verlässlichkeit und in die Gewissheit dieses uralten Bundes nach der Sintflut. Er stellt sie in die Gültigkeit der Zusage Gottes und in den von Gott gegebenen, natürlichen und also menschlichen Rhythmus des Lebens, den wir vielfach verlassen und vergessen haben.

Wir sind hier schon zuweilen etwas aus dem Tritt gekommen, überspringen mit und ohne Technik die Gegebenheiten des Lebens. Wir bestimmen unsere Lebensrhythmen selbst. Wir „hintergehen" z. B.

Gott sät, der Mensch erntet – afrikanische Fischer, Gemälde aus einer Partnerkirche

gern die Jahreszeiten: Zu Weihnachten sind wir am weißen Strand unter Palmen. Im Hochsommer fahren wir Ski in einer Schneehalle. Oder: Wir verändern die Folge von Arbeit und Ruhe – oft gezwungenermaßen, um die Versorgung aller Menschen zu sichern. Zuweilen aber durchbrechen wir den heilsamen Rhythmus von Arbeit und Ruhe auch ohne ernsthafte Gründe!

Doch voran zur Frage nach dem Wachstum der Herrschaft Gottes! Vom Ausstreuen der Saat bis zum Aufgehen der Pflanze, des Halms, ist das Wachsen der Herrschaft und des Reiches Gottes allem sichtbaren und willkürlichen Handeln des Menschen entzogen! Die Herrschaft Gottes wächst im Verborgenen – „von selbst" und „er weiß nicht, wie". Wir aber möchten es wissen und das Unsere dazu beitragen.

Und dann erheben sich Fragen, weil wir oft so wenig Erfolg sehen: Wird nicht reichlich gesät? Gibt es nicht Predigt, Unterricht, Seelsorge, Öffentlichkeitsarbeit, Kreise, Gruppen, Chöre, die die Saat des Wortes Gottes reichlich ausbringen im Lande? Warum also so wenig Erfolg, so wenig Wachstum des Reiches Gottes? Man sehe ja eher Schwund, Rückzug, Verachtung, Konversion zu anderen Religionen, Flucht in die Scheinwelt von Medien, in die neue Religion der Ichpflege, der Freizeit, des Vergnügens, nach dem Motto: „Wir amüsieren uns zu Tode." Ist es da ein Wunder, dass manche, denen das Aussäen anvertraut ist, schlicht resignieren? – Andere freilich werden zu frommen Eiferern. Sie versuchen mit Penetranz und gesetzlicher Strenge herzustellen, was doch nur Gott selber wachsen lassen kann. – Wieder andere vertrauen sich modernen Marketingstrategien an oder werden zu Aktionisten und Machern, immer modisch, immer aktuell, immer flott im Trend. Sie machen immer Betrieb, müssen immer etwas reden, verteilen immer geistliche Süßwaren, entsprechen immer dem Geist der Zeit. – Sollte so Gottes Herrschaft herbeigezwungen werden können?

Jesus bringt uns mit diesem Gleichnis auf einen ganz anderen Kurs. Weder Resignation noch Aktionismus noch Machertum sind angesagt! Aber: Auch keine Sorge, keine Angst um das Wachstum des Reiches Gottes sind nötig! Es wächst – verborgen – „von selbst", sagt Jesus, und der Bauer, „er weiß nicht, wie", sagt Jesus, „von selbst bringt die Erde Frucht". Jesus wählt die Sprache der Schöpfungsgeschichte, in der es heißt: *„Und Gott sprach: Es lasse die Erde aufgehen Gras und Kraut"* (1. Mose 1,11). Dass Gottes Reich unter uns Gestalt annimmt, dass Gottes Herrschaft wächst, dass seine Worte und Weisungen Menschen erfassen und formen, leiten und lenken, trösten und zum Leben ermutigen, – dass dies geschieht, das ist Schöpfungsakt Gottes. Daran will Jesus seine Hörer erinnern. Was hier geschieht, entzieht sich unserer Verfügbarkeit!

Und wir erinnern dazu an die Erklärung zum dritten Artikel des Glaubensbekenntnisses im Kleinen Katechismus Dr. Martin Luthers, in dem es um den Glauben an den Heiligen Geist und um die Kirche geht. Luther erklärt: „Ich glaube, dass ich nicht aus eigener Vernunft noch Kraft an meinen Herrn Jesum Christum glauben oder zu ihm kommen kann, sondern der Heilige Geist hat mich berufen!" Also: „nicht aus eigener Vernunft noch Kraft", sondern aus dem Schöpfungswillen Gottes wächst durch den Heiligen Geist sein Reich, wächst seine Herrschaft! Auch in unserer Kirche!

Gottes Herrschaft wächst – handgeschnitzte Abendmahlsszene aus einer afrikanischen Partnerkirche

Jetzt verstehen wir auch den Bauern unseres Gleichnisses besser: Er tut seine Arbeit im Vertrauen darauf, dass sie Folgen hat. Wir betrachten das hier ja nicht unter dem Aspekt moderner Landwirtschaft mit Kunstdünger und Unkrautvertilgungsmitteln – vermutlich musste der Bauer damals mehr jäten als Bauern heute. Er tut seine Arbeit und er bleibt gelassen, ruhig, voller Vertrauen, dass diese Saat Folgen hat: Er schläft und steht auf, Nacht und Tag. Er lebt sein Leben. Er tut seine Arbeit im normalen Rhythmus. Das klingt souverän, das klingt stark und ist es auch! Jesus lädt zu Vertrauen und Geduld ein, zu Souveränität und Stärke!

Deshalb muss es uns auch nicht so gehen, wie jenem ungeduldigen Bauern, der müde und erschöpft nach Hause kam. Der Sohn sah ihn und fragte: „Warum bist du so erschöpft?“ Da antwortete der Vater: „Ich habe versucht, die Halme selbst in die Höhe zu ziehen. Ich habe meinem Korn geholfen zu wachsen!“ – Der Sohn lief hinaus, um sich das anzusehen – er fand aber alles verwelkt. Wir können das Reich

Gottes weder aus dem Boden ziehen noch aus dem Boden stampfen. Wir sollen aber die Saat ausbringen, und das ist doch viel!

Es ist der Same auf Hoffnung. Die Herrschaft Gottes wächst unter uns! Auf diese Saat haben wir letztlich wenig Einfluss. Schon der Apostel Paulus musste das einsehen: *„Ich habe gepflanzt, Apollos hat begossen; aber Gott hat das Gedeihen gegeben“*, schreibt er der Gemeinde in Korinth (1. Korinther 3,6). Wir können das Wachstum der Saat auch nicht stoppen. Wenn sie aufgehen soll, wird sie aufgehen.

Allerdings – wir können das Wachstum stören oder gar zerstören in Verblendung und Irrtum. Aber davon spricht Jesus in diesem Gleichnis nicht. Hier will er seine Zuhörer nur ermutigen und zu völligem Vertrauen einladen. Und das soll geschehen, jetzt und wo immer dies Gleichnis weitergesagt wird und wo Menschen im Vertrauen auf den schöpferischen Geist Gottes die Saat des Evangeliums ausbringen und die Gottesherrschaft wächst.

Wolfgang Riewe

Ergriffen und entflammt

(Apostelgeschichte 2,2–4)

Feuer und Sturm waren die Signale, unter denen die Kirche geboren und in die Welt gesandt wurde. Was am ersten Pfingstfest in Jerusalem geschah, war für die bunt gemischte Völkerschar aus aller Herren Länder ein aufwühlendes Erlebnis. In seiner Apostelgeschichte berichtet Lukas:

> *Und es geschah plötzlich ein Brausen vom Himmel wie von einem gewaltigen Wind und erfüllte das ganze Haus, in dem sie saßen. Und es erschienen ihnen Zungen, zerteilt wie von Feuer; und er setzte sich auf einen jeden von ihnen, und sie wurden alle erfüllt von dem Heiligen Geist und fingen an zu predigen in andern Sprachen, wie der Geist ihnen gab auszusprechen.*

Während die wenigen Jünger eben noch traurig und resigniert über den Abschied von Jesus waren, brach nun Gottes Geist mit einer gewaltigen Kraft über sie herein. Er öffnete ihnen wieder den Mund. Entzündete in ihnen ein Feuer. Verlieh ihnen Sprache. Sprengte die Grenzen zwischen Völkern und Rassen. In einer stürmisch wachsenden Bewegung pflanzte sich diese Dynamik des Geistes fort. Rief immer neue Gemeinden und später auch christliche Kirchen ins Leben. Die Weitergabe der frohen Botschaft kannte keine Grenzen mehr. Auch Leiden und Verfolgung nahmen Christen für ihren Glauben an den gekreuzigten Gottessohn auf sich. Der Geist des Auferstandenen gab ihnen die Kraft dazu.

Geist. Heiliger Geist. Lebensatem Gottes. Es ist die unbändige göttliche Lebensmacht, die schon am Anfang der Schöpfung Leben eingehaucht hat. Unablässig wirkt sie in allem, was lebt.
Geist. Heiliger Geist. Väterlicher, mütterlicher Geist, geschwisterlicher Geist Jesu, des Bruders aller Menschen. Sanfte Macht, die zusammenführt und verbindet: Juden und Araber, Ägypter, Römer und Griechen. Plötzlich verstehen sie einander – trotz all ihrer Unterschiede. Und wissen selbst nicht, wie ihnen geschieht.
Geist. Heiliger Geist. Geist des einen unfassbaren Gottes der Liebe. Sprühendes Feuer, das Glauben erweckt und Liebe entzündet. Menschen entflammen kann, für Frieden und Versöhnung einzutreten und die frohe Botschaft weiterzusagen.

In vielen Facetten beschreibt das Neue Testament die Wirkkraft des Geistes: Er ist der, der den Glauben schenkt, Wunden heilt, Gewis-

sen schärft, zur Wahrheit führt, Verhärtetes aufbricht. Er ist es, der die Kirche erneuert. Nicht immer kommt er mit Feuer und Sturm. Auch sanft wie eine Taube kann er sich herabsenken, harte Herzen anrühren, verletzte Seelen aufrichten. Heiliger Geist – Johannes nennt ihn einmal den „Tröster", der uns beisteht und uns Kraft gibt, wenn wir traurig sind. Für Paulus ist er der Energiespender der Liebe: „Durch den Heiligen Geist ist die Liebe Gottes ausgegossen in unsere Herzen", schreibt er im Römerbrief (Kapitel 5, Vers 5). Und

Menschen lassen sich vom Geist Gottes bewegen – Ehrenamtliche in der Kirche: Presbytertag im Rathaus Dortmund

Lukas bringt den Heiligen Geist mit der Freude in Verbindung: Das Erfüllt-Werden mit dem Heiligen Geist und die Erfahrung tiefer Freude sind ein und dasselbe (Apostelgeschichte 13,52).

Zweifellos war das erste Pfingstfest in Jerusalem ein außerordentliches Ereignis. Pfingsten meint aber kein einmaliges, sondern ein erstmaliges Geschehen. Der Einfall des Geistes ist einmal geschehen – und geschieht seitdem immer wieder! Sicherlich auf andere Weise.

Immer wieder wurden und werden aber Menschen durch den Geist Gottes ergriffen und von innen heraus verändert und verwandelt.

Auch der heutigen Christenheit ist Gottes Heiliger Geist verheißen. Und sie tut gut daran, immer wieder darum zu bitten, dass ihr der Geist, der aus Resignation und Mutlosigkeit befreien kann, von neuem geschenkt wird. Die Pfingstliturgie müsste eigentlich in jedem Sonntagsgottesdienst gebetet werden: „Komm, Heiliger Geist, erfüll' die Herzen deiner Gläubigen und entzünde in ihnen das Feuer deiner göttlichen Liebe."

Großes würde geschehen, wenn die einzelnen Christen und die Kirchen insgesamt wieder mehr darauf vertrauen würden, dass auch ihnen heute der Geist Gottes geschenkt ist. Dass auch sie heute von neuem erfüllt werden können mit der „Kraft aus der Höhe". Sie ist in der Tat „höher als unsere Vernunft", die nur damit kalkuliert, „was sich rechnet". Warum aber rechnen Christinnen und Christen in Europa so wenig mit der Wirkkraft des Geistes, wo er doch in anderen Kontinenten gerade heute viele neue Glaubensgemeinschaften ins Leben ruft? Warum eigentlich sollte Gottes Heiliger Geist, der einst mit Feuer und Sturm der Christenheit als einer weltweiten Bewegung Bahn brach, nicht auch heute im glaubensmüden Europa seine Kraft entfalten können? Menschen ganz unterschiedlichen Alters und aus ganz verschiedenen Milieus für den Glauben an Jesus Christus öffnen? Neue Fantasie freisetzen für die Gestaltung einer einladenden und menschenfreundlichen Kirche?

Die derzeitige Krise der Kirche könnte eine Provokation sein. Eine Provokation Gottes, sich von Grund auf zu verändern. So wie jede Lebenskrise die Chance zu etwas Neuem, Positiven birgt, könnte sich auch in der Krise der Kirche die Herausforderung Gottes zu einem wirklichen Neuanfang verbergen. Nicht nur zu einer Reform der bisherigen Strukturen – auch die ist dringend notwendig. Sondern zu einer Reformation, einer grundlegenden Veränderung der bestehenden Kirche. Ein neues Vertrauen auf die Zusagen Gottes und die Wirkkraft des Geistes könnte dabei der Schlüssel für eine „Kirche mit Zukunft" sein. Oder anders gesagt: In der Offenheit für das Wirken des Geistes liegt das Geheimnis, das der Kirche ihre Zukunft eröffnet.

6. Weites Land

Dynamik
wagen
Abenteuer
vertrauen

Unterbrechung
Ruhe
anpacken

aufbrechen
provisorisch
Gast

Versuchung
Richtung

Klaus-Jürgen Diehl

Zukunfts-tauglich?

(Lukas 9,62)

Wer seine Hand an den Pflug legt und sieht zurück, der ist nicht geschickt für das Reich Gottes.

S*ind wir Reich-Gottes-tauglich?* Das ist die entscheidende Frage. Halten wir als Einzelne und als Kirche Jesu Christi insgesamt Schritt mit der Bewegung des Reiches Gottes in dieser Welt? Oder bleiben wir hinter der Dynamik dieses Reiches weit zurück. Für die Zukunft der Kirche und unser persönliches Leben steht mit diesem Wort Entscheidendes auf dem Spiel.

Ungeschickt, ja unbrauchbar für das Reich Gottes erscheint in dem Urteil Jesu der, *„der seine Hand an den Pflug legt und zurücksieht"*. Spontan möchte man einwenden: Wieso beurteilt Jesus das Rückwärtsschauen so negativ? Was hinter uns liegt, ist doch auch Teil unserer Geschichte. Wir tun gut daran, Vergangenes nicht zu vergessen oder zu verdrängen. Denn die ehrliche, selbstkritische

Gottes universelles Reich: anpacken, was vor die Füße kommt – Gemeinsamer Bau eines traditionellen Papua-Hauses

Besinnung auf Vergangenes ist die Voraussetzung für seine Bewältigung und für das Bestehen in Gegenwart und Zukunft.

Wie können wir dann Zugang zu dem Wort Jesu gewinnen? Die im Umfeld des Jesuswortes geschilderten Begegnungen bringen uns auf die Spur. Da sind Menschen mehr dem Vergangenen verhaftet als vom Kommenden, dem mit Jesus angebrochenen Reich Gottes, fasziniert. Ihre bisherige Lebensgeschichte mit ihren Beziehungen, Traditionen und Gewohnheiten klebt so sehr an ihnen, dass sie allenfalls unter Bedingungen und mit Rückversicherungen bereit sind, das Neue zu wagen. Ihre Rückwärtsgewandtheit wird ihnen zum Verhängnis: Sie sind unfähig, jetzt das umwälzend Neue des Reiches Gottes zu be- und zu ergreifen.

Es gibt sie also – diese lähmende, uns gegenüber den Chancen und Herausforderungen der Gegenwart untüchtig machende Rückwärtsgewandtheit. Ob sie nicht auch heute der Kirche als Gefahr droht? Ist der Bezugspunkt nicht allzu häufig die Vergangenheit, wenn wir über die Zukunft der Kirche nachdenken? Sind wir nicht geneigt, allzu schnell vergangene Zeiten zu verklären, als die Kirche noch mitten im Dorf stand und im Bewusstsein der Menschen verankert war?

Dem Verhängnis lähmender Rückwärtsgewandtheit können wir entgehen, indem wir uns von der Verheißung des kommenden Reiches Gottes anstecken lassen. Ins Positive gewandt sagt Jesus: Der ist geschickt zum Reich Gottes, der unbeirrt von allen Turbulenzen der Gegenwart das Kommen dieses Reiches im Auge behält und tut, was ihm vor die Füße gelegt ist.

Das ist das große Thema der Verkündigung Jesu: Jetzt ist Gottes Reich unter euch angebrochen. Zwar noch klein und unscheinbar. Noch kann es übersehen und verdrängt werden. Aber es hat eine unwiderstehliche Dynamik. Es zieht mehr und mehr Menschen in seine Einflusssphäre. Es verwandelt sie und macht sie zu Botschaftern und Zeugen dieses Reiches. In seiner Vollendung aber wird es sich strahlend gegenüber allen Mächten dieser Welt behaupten.

Mal um Mal hat Jesus – vor allem in seinen Gleichnissen – das gänzlich Neue, das verlockend Andere, das unwiderstehlich Dynamische des Reiches Gottes seinen Zuhörern vor Augen gestellt. Er hat sie dazu eingeladen, sich von der Vision dieses universalen Reiches anstecken zu lassen, sich als seine Schüler diesem Reich anzuschließen und in Wort und Tat die Hoffnung auf seine herrliche Vollendung zu bezeugen.

Sich anstecken lassen von Gottes Botschaft weltweit – Kirchenpartnerschaft zwischen Witten und Irian Jaya

Bekannt ist das provozierende Wort des französischen Religionshistorikers Alfred Loisy: *„Jesus verkündete das Reich Gottes, doch gekommen ist die Kirche.“* Dieses Zitat unterstellt, dass die Kirche die Sache Jesu verraten habe oder sich zumindest einem historischen Irrtum verdanke. In seiner Zuspitzung ist dieses Wort ungerecht. Aber es erinnert uns heilsam daran, dass die Kirche nicht um ihrer selbst willen da ist – übrigens auch nicht in vordergründiger Weise um der Menschen willen –, sondern als Wegbereiterin für das Reich Gottes. Darum hängt die Zukunft der Kirche nicht in erster Linie von Strukturveränderungen, Kirchensteueraufkommen oder Ordnungsfragen ab. Zukunft hat die Kirche dadurch, dass sich in ihr immer wieder Menschen anstecken lassen, mit ihrem Leben der Dynamik des Reiches Gottes auf der Spur zu bleiben.

Fasziniert von seinem Kommen werden wir dann trotz stürmischer Zeiten neue Zuversicht gewinnen. Weder sinkende Kirchenmitgliederzahlen noch kritische Prognosen über das baldige Ende der Volkskirche werden uns erschüttern können. Im Gegenteil: Wir werden inspiriert und beherzt *„die Hände an den Pflug legen“* und das anpacken, was Gott uns vor die Füße legt.

Regine Burg

Wo kommen wir da hin

(Hebräer 11,8–10)

Es gibt biblische Gestalten, die sind mir von Kindheit an nahe; vielleicht weil sie mir damals so anschaulich und spannend erzählt wurden, vielleicht weil ich mich in ihren Erfahrungen und Verhaltensweisen trotz aller Unterschiede wiederentdecke und Nähe zu meinem Leben empfinde.
Abraham und seine Frau Sarah gehören für mich dazu, mit ihrem Aufbruch aus dem Vertrauten, ihrem Weg voller Enttäuschungen und Wirrungen und der Nähe Gottes, die sich durchhält.
In den Versen 8 –10 des 11. Kapitels des Hebräerbriefes hören wir von Abraham und seinem Weg. Er wird der Gemeinde als Vorbild des Glaubens hingestellt.

> *Durch den Glauben wurde Abraham gehorsam, als er berufen wurde, in ein Land zu ziehen, das er erben sollte; und er zog aus und wusste nicht, wo er hinkäme. Durch den Glauben ist er ein Fremdling gewesen in dem verheißenen Lande wie in einem fremden und wohnte in Zelten mit Isaak und Jakob, den Miterben derselben Verheißung. Denn er wartete auf die Stadt, die einen festen Grund hat, deren Baumeister und Schöpfer Gott ist.*

Da ist zunächst der *Aufbruch*, das Loslassen des Vertrauten, das Weggehen aus der Heimat, das Zurücklassen des Gewohnten.

Es ist einerseits abenteuerlich, reizvoll und spannend, sich aufzumachen, eingefahrene Gleise zu verlassen, Neuland zu entdecken. Pionierstimmung greift um sich. Aber es ist auch mühsam und schmerzlich, Vertrautes aufzugeben, Liebgewordenes loszulassen, nur auf eine Verheißung hin.

> *Und er zog aus und wusste nicht, wo er hinkäme.*

> *wo kämen wir hin*
> *wenn alle sagten*
> *wo kämen wir hin*
> *und keiner ginge*
> *um zu sehen*
> *wohin wir kämen*
> *wenn wir gingen*

heißt es bei Kurt Marti.

Wo kommen wir hin in dieser Welt, wenn wir aussteigen aus dem vertrauten Feindbilddenken und Streben nach Rache und Vergeltung in Afghanistan und im Irak, in Israel und Palästina, in Irland und auf dem Balkan, wenn wir es wagen gegen Misstrauen und Hass Versöhnung und Miteinander zu setzen; vielleicht weiter als bisher, wo wir doch immer wieder zu den Waffen greifen und Bomben werfen als ultima ratio?

Wo kommen wir hin in dieser Kirche, wenn wir nicht nur am Vertrauten und Bekannten kleben, sondern uns aufmachen zu neuen Formen von Gemeindeleben, Gottesdiensten und Begegnungsmöglichkeiten? Wenn wir die Menschen aufsuchen, zu denen wir gesandt sind; wenn wir ihnen, um mit Luther zu reden, „aufs Maul schauen" und Ernst machen mit der reformatorischen Erkenntnis, dass Kirche immer wieder neu zu reformieren ist?

Und er zog aus und wusste nicht, wo er hinkäme.

Dennoch macht Abraham sich auf; er lässt das, was er kennt, hinter sich und nimmt Unbehaustsein und Provisorium auf sich und seine Familie, weil Gott ihn ruft, weil er ihm vertraut und seiner Verheißung. Ich wünschte mir, wir würden als Antwort auf Gottes Ruf heute ein Stück mehr wie Abraham Vertrauen gegen Sicherheitsbedürfnis, Gehorsam gegen Gewohnheit, Zukunftsorientiertheit gegen Vergangenheitsgewandtheit leben und wagen, unser Leben als Christen mit Luther mehr als ein Werden denn als ein Sein verstehen: „Wir sind's noch nicht, wir werden's aber, das Leben ist nicht ein Sein, sondern ein Werden, nicht eine Ruhe, sondern eine Übung, es ist nicht das Ende, aber es ist der Weg." Darum lasst uns aufbrechen.

Nach dem Aufbruch kommt das *Unterwegssein*, das Leben als Gast in der Fremde, in Zelten anstatt in festen Häusern. Unterwegssein ist unbequemer und dabei muss man Ballast abwerfen, auf manches verzichten. Flexibilität ist gefragt und nicht Besitzstandswahrung.

Das ist schwer für uns als Kirche, die wir ja mit unseren festen Gebäuden und unbeweglich teurem Vermögen an bestimmte Zwänge und Strukturen gebunden sind und nicht mehr so flexibel wie mit Zelten durch die Zeiten wandern können.

Aber wenn wir die Bewegung, die Wanderschaft als Grundhaltung des menschlichen Lebens erkannt haben, dann können wir unsere Kirchen und Gemeinden als Herbergen für die Menschen auf dieser Wanderschaft verstehen, als Orte, an denen sie Kraft und Stärkung für den weiteren Weg bekommen, wo sie Orientierung, Ermutigung und Gemeinschaft finden.

Losziehen, suchen und Gott finden – Aktion zum Jahr der Bibel

Und dann ist bei allen Reformversuchen und Strukturveränderungen primär danach zu fragen, wie es uns gelingen kann, diese Aufgabe als Kirche heute wahrzunehmen. Nämlich „wie wir Orte finden und gestalten, an denen Menschen in aller Hektik wieder zu Atem kommen, Orte, an denen es um etwas anderes geht und wo es etwas anders zugeht, wo das Suchen nach Gott Gestalt annimmt, neu entfacht wird, und dann, wo wir ihm manchmal auf die Spur kommen. Orte, wo der Tisch bereit ist für alle, die mühselig und beladen sind.“ So beschreibt der niederländische Theologe Jan Hendriks seine Vision von Gemeinde.

Herberge für alle Suchenden – Gottesdienst auf der „Maximale“ im Maximilianpark Hamm

Was ist unsere *Vision*? Haben wir überhaupt eine? Für unser persönliches Leben und für den Weg der Kirche? Oder trotten wir einfach in den eingefahrenen Geleisen weiter aus Angst, Bequemlichkeit oder Müdigkeit? Denn neue Wege einzuschlagen, das kostet, aber es schenkt auch Kraft.

Abraham war bei allem Aufbruch und Unterwegssein getrieben von der Verheißung des neuen Landes, von der Vision der Stadt Gottes. Er ist nicht nur einfach so unterwegs, heute hier, morgen dort; nicht planlos und desorientiert auf der Suche nach etwas Neuem, auf der Flucht. Der Weg, so wichtig er auch ist, ist nicht schon das Ziel, aber das Ziel wird nur erreicht, indem man sich auf den Weg macht.

Abraham ist bewegt von der Verheißung, von der Zusage Gottes. Im Alten Testament hat Abraham die Verheißung des Landes vor Augen. Nach unserem Predigttext aus dem Hebräerbrief ist es eine Stadt. Auch dieses Bild ist dem Alten Testament entlehnt. Wichtig bei der Stadt sind die festen Mauern, der Schutz, der feste Standort, der im Unterschied zum nomadisierenden Umherziehen nicht immer wieder aufgegeben werden muss. Die Leser des Hebräerbriefes lebten in unsicheren Zeiten. Ihnen waren die Fundamente ihres Glaubens auf dem weiten Weg brüchig geworden. Da war die Vision einer festen Stadt ganz wichtig. Die feste Stadt ist nicht irgendeine beliebige Stadt, sondern das neue Jerusalem, das Gott geschaffen hat. Die Gemeinschaft der Liebe, der Liebe Gottes und der Liebe untereinander. Eine Stadt hat feste Fundamente. Im Neuen Testament wird bei Fundament an Christus, den Grundstein seiner Gemeinde, gedacht.

Diese Stadt hat Abraham nicht selbst zu bauen, sie steht da als Werk Gottes am Ende unseres Weges. Das ist tröstlich, entlastend und ermutigend. Es gibt sie, diese Stadt; auch wenn ich davon nichts sehe und auch nicht weiß, wie ich dahin komme. Es gibt Verlässliches, Gemeinschaft untereinander und mit Gott, ein Leben in Frieden und Sicherheit. Gott selbst mit seinem Sohn steht dafür ein.

Diese Verheißung macht mich gelassen; ich kann hier mit manchen Provisorien leben und Stückwerkartiges in meinem Leben und Arbeiten aushalten.
Diese Verheißung ermutigt, jetzt mit instabilen Zelten auf der Wanderschaft zu sein und immer wieder neu, manchmal recht mühsam, diese Zelte aufzuschlagen in der Hoffnung auf die feste Stadt am Ende des Weges.

Diese Vision befreit, uns als Kirche mit Zukunft auf neue Wege locken zu lassen, Unbequemlichkeiten in Kauf zu nehmen. und Unsicherheiten, wohin man denn käme, auszuhalten.

„*Wir sind noch nicht im Festsaal angelangt, aber wir sind eingeladen. Wir sehen schon die Lichter und hören die Musik*“, so ermutigt uns Ernesto Cardenal, den neuen Wegen zu vertrauen, dem Festsaal entgegen.

Rainer Dinger

Die Ruhe ist das Ziel

(2. Mose 34,21)

Er war ungefähr 50 Jahre alt, als ich ihn auf der Dialysestation das erste Mal besuchte. Jahrelang hatte er gutes Geld gemacht, wie er es selbst formulierte. Er hatte im Schichtdienst einer Fabrik gearbeitet. Die Maschinen durften nie stillstehen. „Wir waren drei Kollegen für eine Maschine – dreimal acht Stunden normal. Wenn einer mal krank wurde, dann mussten die anderen länger machen. Und Sonntage gab es sowieso nicht für uns. Das ging so gleitend durch die Woche, dass jeder mal seine Freischichten kriegte. Das hältst du nur mit Tabletten aus", sagte er mir. „An der Maschine darfst du nicht einschlafen.
Na ja, Herr Pastor, und eines Tages machten die Nieren nicht mehr mit. Jetzt ist alles aus. Ich bin kaputt und die Kinder sind groß. Das ist ja das Schlimmste von allem, dass die Kinder praktisch ohne mich groß geworden sind. Ich hatte ja nie Zeit. Ich wurde ja immer in der Firma gebraucht. Ich wollte bloß Geld verdienen – damit die es mal besser haben."

Innehalten und Ruhe finden: Gottes Ziel für den Menschen – Taizénacht in der Altstädter Nicolaikirche Bielefeld

Die Geschichte dieses Mannes aus meiner früheren Gemeinde ist mir vor vielen Jahren sehr nahe gegangen. Sie ist mir heute wieder eingefallen, als ich mich auf diese Andacht vorbereitet habe (2. Mose 34,21):

> *Sechs Tage sollst du arbeiten; am siebenten Tage sollst du ruhen, auch in der Zeit des Pflügens und Erntens.*

Das Gebot der Sabbatruhe ist das vermutlich wertvollste Geschenk und Vermächtnis der Juden an die Völker – zumindest an uns Christen. Und es ist mehr als nur eine gesellschaftliche Errungenschaft, wie sie von Gewerkschaften und Sozialisten für die Arbeiter in den Industriegesellschaften mühsam erkämpft worden ist – nicht überall auf der Erde und auch hier bei uns nicht für jeden – wie das eingangs erwähnte Beispiel zeigt.

In Israel war die Praxis der Sabbatruhe aufs engste mit dem Gottesgedanken verknüpft. Denn derselbe Gott, der diese Welt geschaffen hatte, die Sonne, den Mond und die Sterne, die Luft und das Land und die Meere, die Pflanzen und Blumen, die Vögel, die Fische und alles, was da kreucht und fleucht, derselbe Gott, der schließlich den Menschen geschaffen hatte, ihm „Leib und Seele, Augen, Ohren, Vernunft und alle Sinne gegeben hat und noch erhält" – dieser

Schöpfer des Himmels und der Erde, den wir den „Allmächtigen" nennen – er ruhte am siebten Tage aus von allen seinen Werken, die er gemacht hatte.

Wenn es erlaubt ist, in der Abfolge der Schöpfungswerke nach 1. Mose 1 und 2 so etwas wie eine Steigerung zu sehen, dann war die Erschaffung des Sabbat die Krönung des Ganzen – noch wichtiger als der Mensch. Denn mit der Erschaffung des Sabbat ging es um das Ziel des Ganzen – darum, dass Gott und Mensch in Frieden leben; darum, dass der Mensch wahrhaft menschlich wird; darum, dass Gott uns sein wahres Gesicht als unser Gott zeigt. Im Unterschied beispielsweise zu dem Gottesbild der griechischen Philosophie, wonach „Gott" ständig und rastlos tätig ist – ein ununterbrochen energieausstrahlendes und produzierendes Wesen, das diese Welt im Gange hält – ohne sich je selbst zu bewegen –, ist der Schöpfergott Israels ein bisweilen erschöpfter Gott, der der Ruhe bedarf.
Und er wird sich im Laufe der Geschichte Israels bis in die Geschichte Jesu von Nazareth hinein als ein sehr bewegter Gott zeigen – der in Zorn und Eifersucht, in Mitleid und herzlicher Liebe seinem Volk verbunden bleibt. Ein Gott, der am Kreuz Jesu leiden und vor Schmerzen schreien kann. Dieser Gott nimmt sich Zeit und er kommt zur Ruhe, wenn es ihm selbst geboten erscheint.

So ist er das Gegenbild des rastlos tätigen Götzen. In der finsteren Epoche der deutschen Geschichte verbreitete die Propaganda Sprüche wie: „Der Führer arbeitet 24 Stunden für das deutsche Volk" (und der Volksmund ergänzte damals: „Und wenn das nicht reicht, nimmt der Führer noch die Nacht dazu"). Es ist das Zerrbild eines Menschen, der sich keine Ruhe gönnt und gönnen darf. Denn sonst könnte die Welt zusammenbrechen: seine Welt, die selbst erdachte, selbst ersponnene, für deren Herrn er sich hält, der noch nicht einmal kapiert hat, dass sich der wahre Herr und Schöpfer Ruhe leistet, um das Werk seiner Schöpfung zu genießen.

Aber steht dem nicht entgegen, was Psalmen wie Psalm 121 bekennen – „siehe, der Hüter Israels schläft und schlummert nicht" – oder was wir mit Paul Gerhardts Versen gesungen haben: „Du hältst die Wach an unserer Tür und lässt uns sicher ruhen"? Offenbar brauchen die Menschen auch zur eigenen Beruhigung die Versicherung, dass der treue, der für uns sorgende und uns behütende Gott über uns wacht, wenn wir schlafen. Das ist ja auch ein sehr tröstlicher und guter Gedanke, der sich auf echtes Gottvertrauen gründen kann.

Und dieser Gedanke widerspricht überhaupt nicht dem der Ruhe Gottes. Denn wenn wir Menschen unruhig werden vor irgendeiner drohenden Gefahr, hektisch und aufgeregt hin und her rennen, ängstlich durcheinander schreien und einander am beherzten Anpacken hindern, dann bewahrt er die Ruhe wie der auf seinem Kissen schlafende Jesus mitten im Sturm. Und wenn wir es dann nicht mehr aushalten können und ihn wecken, dann gebietet er den tobenden Mächten, seien es Sturm oder Wellen, und sie schweigen still.
Nein, es ist keine Schwäche, ruhen zu können. Es ist die höchste Form von Menschlichkeit, sich zur rechten Zeit Ruhe zu gönnen. Dazu gehört die Fähigkeit zum Spiel – zum zweckfreien Spiel, zum Musizieren und Musikhören, zum Erzählen – nicht nur zur Informationsübermittlung –, zum Zuhören, nicht bloß zum Erwerb von Kenntnissen –, zum Lesen aus Freude am geschriebenen Wort, nicht nur zum Zweck höherer Bildung. Vielleicht gehört für manchen einfach dazu, im Sessel zu sitzen und vor sich hin zu sinnen – oder am Strand zu liegen und dem Meer zuzuhören.

Für mich selber gehört auch dazu, dass ich mich austoben kann, dass ich bei einer schweißtreibenden Wanderung im Gebirge den Alltag hinter mir lasse und dann das Hochgefühl auf einem Gipfel erlebe. Da ist eigentlich alles erlaubt, was das Werk der sechs Tage heilsam unterbricht. Nur eines ist nicht erlaubt, dass wir uns auf Zwänge berufen, die uns angeblich den zeitweisen Abschied von der Arbeit verbieten. Nichts ist so wichtig, dass es uns davon abhalten darf, der Bestimmung des Menschen zum siebten Tag zu entfliehen. So steht es im Gesetz Gottes selbst:

> *Sechs Tage sollst du arbeiten; am siebenten Tag sollst du ruhen; auch in der Zeit des Pflügens und Erntens.*

Aber nun höre ich schon den Einwand: So konnte man vielleicht noch in der agrarischen Gesellschaft des Alten Israel reden – aber so geht es nicht mehr im hoch industrialisierten Zeitalter, in dem Wohl

Halle der Stille – Nicolaikirche Unna, 1. Westfälischer Kirchentag 1998

und Wehe der Betriebe an Maschinenlaufzeiten hängen; in der der globale Wettbewerb jeden Einzelnen bei uns nötigt, mit immer mehr Konkurrenten mithalten zu müssen. Nun glaube niemand, in der kurzen Periode nach dem Frühlingsregen, wenn das Pflügen möglich war, oder in der kurzen Zeit nach der Reife, wenn Getreide und Obst noch nicht verdörrt waren, wäre es damals den besorgten Chefs in Israel leicht gefallen, ihre Arbeiter einfach ruhen zu lassen. Das gute Gebot Gottes erinnert uns daran, dass der Mensch nicht vom Brot allein lebt. Das ist heute nicht weniger wahr als vor Zeiten.

Und so wünsche ich allen, die jetzt vor ihrem Urlaub stehen, eine schöne und erfüllte Zeit, die Gott als den Sabbat dieses Jahres segnen möge.

Lothar Kuschnik

Und führe uns in Versuchung

(1. Korinther 10, 23)

„Es ist jetzt genau sechs Uhr. Deine persönlich optimale Zeit, um diesen Tag zu beginnen, Lothar. Du weißt, dein Service-Team von ‚Personal Care' – ein Dienstleister aus der großen Familie der kirchlichen Lebensbegleitungsangebote – freut sich darauf, auch diesen Tag für dich zu managen. Du musst jetzt …" Den Rest höre ich schon nicht mehr, weil ich mich mühsam und verschlafen aus meinem Bett gewälzt habe. „Sechs Stunden Schlaf sind doch zu wenig, obwohl das Schlafbedürfnis im Alter doch abnehmen soll." Ich bin jetzt 64, aber ich schlafe noch genauso gern wie früher. Aber mehr Schlaf gesteht mir mein Time-Manager nicht zu.
Inzwischen bin ich im Badezimmer angekommen. Ach ja, „Home-Care-Station", ich werde mich nie an diesen Ami-Jargon gewöhnen, den wir jetzt auch in der Kirche sprechen müssen. Also wie jeden Morgen:

1. Urincheck – mittlerer Strahl
2. Bluttest – Kurzversion
3. Gewicht und Fettanalyse

Alle Daten werden per Direktverbindung zu meinem „Medical Supervisor" (früher Hausarzt) überspielt, der sie dann an die kirchen-eigene Krankenkasse „Health Care" weiterleiten muss. Sind die Werte schlecht, sehe ich das am Monatsende auf meinem Computer bei der Gehaltsabrechnung. Schlechte körperliche Fitness kostet Zeit, Zeit ist Geld, also …

Kirche verkabelt? – Elektronisches Musikarchiv für den Evangeliums-Rundfunk

Gestern die zwei Gläser Rotwein sind natürlich nachweisbar und gegen die Regel. Ich kann dem Punktabzug nur entgehen, wenn ich meine Leistung auf dem Trimmgerät heute Morgen extrem steigere. Die abgegebene Schweißmenge muss deutlich über meinem Limit liegen. „Die sollen schon merken, dass ich …“ Ach Quatsch, da gibt es gar keinen, der irgendwas merkt. Das macht das Computerprogramm „Personal Supervision“ ganz allein. Während ich auf meinem altmodischen Heimtrainer strampele, halte ich den Spiegel im Blick, auf dem dezent meine Termine für diesen Tag eingeblendet sind:

18.12. 2015

07.00 Video-briefing mit den Kollegen
08.00 Dienst im Clerical Communication Center (CCC)
12.30 Lunch
13.00 Proben für die Jesus Celebration am 24.12.
17.00 Videostudio: Aufnahmen für die nächsten Tagesansprachen
20.00 Dienst am Chatcomputer im Abendprogramm: „Jesus 'round the world“
22.00 Zu Hause. Entspannungsprogramm „For Seniors“.

(Das heißt, ich darf mir einen der schönen alten Filme wie „Der Sturm“ auf Video angucken. Das darf man erst ab sechzig. Jüngeren Leuten wird der tägliche Fernsehkonsum inzwischen zugeteilt. Die letzten Studien der Gehirnforschung beweisen eine deutliche Korrelation zwischen früh einsetzender Demenz und Fernsehkonsum.)

Während ich so strampele, kann ich eine aufsteigende Übelkeit angesichts meines Tagesplanes nur schwer unterdrücken. Eigentlich hatte ich früher davon geträumt, mit 65 Jahren in den Ruhestand zu gehen, aber der Traum ist ausgeträumt.
Zwar hat unsere Kirche die Zahl der Pfarrstellen im ehemaligen westfälischen Raum auf 1.000 heruntergefahren, aber selbst dafür gibt es keine Kandidaten mehr. Es wird niemand mehr Pastor/-in.

Inzwischen bin ich geduscht und sitze in meinem kleinen Aufnahmeraum. Bereit zur Videokonferenz mit einigen Kollegen in unserem „Handlungsraum“. Kirchenkreise gibt es schon lange nicht mehr. Ganz Westfalen besteht aus vier Handlungsräumen, in denen wir kirchliche Arbeit organisieren müssen. Wir Pfarrer/-innen sind

Verkündigung nutzt modernste Technik – Aufzeichnung fürs Frühstücksradio „Gedanken zum Tag“

funktional in bestimmte Arbeitsbereiche eingeteilt. Ich bin in der Sparte „Soul and Presentation“. Nach der Fusion mit der rheinischen Kirche (böse Zungen sprechen von einer feindlichen Übernahme) wurde sofort eine Strukturreform umgesetzt: Auflösung der sog. mittleren Ebene (Kirchenkreis inkl. Superintendenten und Verwaltung), professionelles Management der United Church of Christ – West Germany. Die UCC-WG ist ein Verein geworden.

An seiner Spitze ein hauptamtlicher Vorstand. Zur Zeit Frau Hiffer – ganz Businessfrau, Mitte dreißig, gut aussehend (ich alter Chauvi). Sie repräsentiert unseren Verein auf allen Ebenen des Infotainments; ist Dauergast in Fernsehstudios und bereitet noch ganz nebenbei den Börsengang unserer UCC-WG vor.

Wir sollen uns an dem Modell der Fußballvereine aus den Anfängen dieses Jahrhunderts orientieren. Das ist ekklesiologisch jetzt der letzte Schrei. Jeder Pfarrer handelt seine Gage mit dem jeweiligen

Anstellungsträger frei aus. Es werden Ablösesummen verlangt und Verträge gebrochen. Pastorale Leistung ist endlich messbar geworden. Es gibt nur zwei Kriterien:

Besucherzahlen bzw. Einschaltquoten und
Spendenaufkommen.

So, da sind sie ja. Der Bildschirm flimmert: Hans-Jürgen Bäumer taucht auf, grüßt noch etwas verschlafen aus den USA. Er dreht zur Zeit eine neue Folge seiner beliebten Serie: „Rockstars for Jesus". Wir wollen unbedingt Carlos Santana in unserer Jesus Celebration am 24. zeigen. Aber Hans-Jürgen macht uns wenig Hoffnung. Er hat ihn in seinem Altenheim besucht und sagt nur: Nichts geht mehr, trotz Sauerstoffdusche bringen wir den Mann nicht mehr auf die Bühne. „Dann geh an den Clapton ran", ruft Uli Homann. „Du weißt, in unserem ‚Senior Channel for Christ' steigen die Preise für die Commercials sofort, wenn wir einen von den alten Haudegen bringen können." Uli managt unser Fernsehstudio und produziert täglich 24 Stunden Kirchenfernsehen. Eine seiner Top-Zielgruppen sind die über 65-Jährigen, immerhin ein Drittel der Bevölkerung.

„Wann kommst du endlich mit deinen Spots rüber, Lothar", raunzt mich Uli an. Ich soll die Zwei-Minuten-Spots einspielen. Kurzandacht nannten wir das früher. Heute werden sie als Videospots in das laufende Unterhaltungsprogramm des Kirchensenders eingespielt und verhindern meistens nur durch ihre Kürze den ausgedehnten Toilettengang der Zuschauer. „Ich bin heute um 17.00 im Studio, dann kriegst du sie", erwidere ich etwas kleinlaut.

Plötzlich erscheint unser ehemaliger Superintendent Karl-Heinz Budde auf dem Schirm. Er meldet sich aus Südamerika und verspricht uns einen interessanten Beitrag direkt aus einer brasilianischen Farvella. Uli jubelt: „Das ist Klasse. Das bringen wir direkt vor dem Telecash." Beim Telecash spenden die Zuschauer direkt über ihren Computer. „Mit diesem Beitrag liegen wir wieder ganz vorne, Bruder Budde. Und halten Sie lange auf die weinenden Kinder. Das bringt Quote."

Etwas unglücklich fragt Br. Budde nach, ob wir denn noch Platz für seine kirchenvergleichende Studie Brasilien-Europa hätten. „Vielleicht am Neujahrsmorgen“, meint Uli, „da, wo früher das Skispringen war. Machen Sie uns lieber was über den Karneval. Sex sells.“ Aber das hört Budde schon nicht mehr, er hat sich aus der Videokonferenz grußlos verabschiedet.

„Wars das für heute?“, fragt Uli knapp und wartet keine Antwort ab, sondern zieht seine Kamera zu. Wir sitzen noch etwas bedröppelt da, Bernd will noch mal maulen, aber da bekomme ich schon mein Signal vom Time-Manager: „Wagen bereit, Lothar. Wir timen dich runter. Auf ‚go‘ sitzst du drin! Und … ab die Maus: 10, 9, 8, 7, …“ Ich flitze zu meinem Cab (kleines Fahrzeug mit Hybridantrieb, GPS-Steuerung, Leitstrahlsensoren etc.).

„Scheiße, wieder den Tee vergessen.“ Tür zu und ab.

Einen Moment später – ich bin da: „Clerical Communication Center“ steht in Leuchtschrift über dem Gebäudekomplex. Alles unter einem Dach: Kindergarten, Schule, Seelsorgepraxis, Gruppenräume, Kirche, Internet-Café, Seniorenwohnheim, Fun-Park. Besitzer der Immobilie an der Schützenstraße in Meschede ist das Diakonische Werk. Pächter ist eine kirchliche Betreibergesellschaft im Auftrag der UCC-WG. Chefin ist hier Katrin Koppe-Bäumer. Ihr Konterfei grüßt freundlich vom Laufband, wenn sie fröhlich ihre Message verkündet: Bei uns sind Sie willkommen! Zu jeder Stunde des Tages. 365-mal im Jahr. Wir sagen Ja zu Ihnen. Immer!

Ich schlüpfe in eins der Zimmer im Seelsorgecenter. Niemand hat hier ein eigenes Büro. Man arbeitet dort, wo Platz ist. Per Dockingstation hat man jederzeit alle Informationen in seinem Mini PC. Das Seelsorgecenter muss sich wie alle Einrichtungen selbst tragen. Bezahlt wird entweder über die Kasse (Health-Care) oder per Kreditkarte. Der Bedarf ist riesengroß.

Wir bieten alles an, was die anderen Beratungsberufe nicht wollen oder können. Vor allem natürlich spirituelle Begleitung bei allen Arten von Lebenskrisen. Beliebt sind unsere Gruppen für Alzheimer-Patienten. Ihre Zahl ist gigantisch. Auch diejenigen, die noch in einer längeren Partnerschaft leben, kommen gerne. Meistens ernten sie in den anderen Beratungspraxen nur ein mitleidiges Lächeln. Wie gesagt: „Wir sagen Ja zu Ihnen.“

Gottes Wort per Bildschirm – Beleuchtungsprobe im Studio des ERF

Ich achte haarscharf auf meinen Zeittakt. Was ich beim einen Patienten dazugebe, muss ich dem anderen abziehen. „Und den Anschlusstermin nicht vergessen. Ja, natürlich habe ich Zeit für Sie. Immer!“

12.30, geschafft. Ich sitze mit Wilfried Oertel beim Lunch. Etwas später gehe ich zurück ins CCC. Da laufen die Proben für die Jesus Celebration am 24.12. auf vollen Touren. Wir produzieren die Show für unseren Church-Channel exklusiv. Mein Job ist die Lesung für die Senioren. Und zwei Lieder auf dem Synthi darf ich spielen: „Leise rieselt der Schnee“ und „Stille Nacht“. Die kann keiner von den jungen Organisten. „Und das ist eben so menschlich, Lothar, wenn du dich im letzten Takt so schön verhaust“, klopft mir Gerd Weimar, unser Producer in Charge, auf die Schulter.

„Hoffentlich schlafe ich nicht wieder um 23 Uhr mitten in der Presentation ein. Das war letztes Jahr so peinlich und hat mich fast den ganzen Jahresurlaub gekostet“, schießt es mir durch den Kopf.

„So, der große Chor noch einmal bitte", Gerd Weimar ist in seinem Element. 500 Sängerinnen und Sänger geben noch einmal alles. Er selbst lässt sich von einer Gondel aus der Kuppel der Kirche abseilen, während er lächelnd dirigiert.

„Du musst mehr Präsenz zeigen. Was ist das denn? Komm, reiß dich noch mal zusammen!" Der Aufnahmeleiter brüllt mir ins Ohr. Schon das sechste Mal muss ich den Satz aus meiner Ansprache ins Mikro säuseln: „Sprechen Sie mir nach: Lass mich dein sein und bleiben. Alles wird gut!"

Endlich ist es geschafft. Jetzt schnell in den Chat-room. Programm: Jesus 'round the world. Sie fragen, wir antworten. Aus der ganzen Welt flimmern Mails auf „meinen" Bildschirm:

> Wie stellen Sie sich die Kirche der Zukunft vor?
> Hilft beten wirklich?
> Wie kann ich ewig leben?
> Warum löscht Gott nicht endlich unsere intergalaktischen Feinde aus?
> Gab es mal eine Kirche ohne Kommerz?
> Waren Pastoren immer schon so schlechte Entertainer?
> Warum habt ihr damals 2001 diese Reformvorlage der EKvW nicht ernster genommen?

Ich reiße erschreckt die Augen auf. Spüre den Schweiß auf meiner Haut. Mein Atem geht ganz schnell. Ich starre ins Dunkel. Da höre ich die Stimme meiner Frau neben mir. „Na, hast du schlecht geträumt?" „Nee, nee alles klar. Schlaf gut." „Ja, du auch."

Geträumt von Lothar Kuschnik

Alles ist mir erlaubt, aber nicht alles dient zum Guten.

Ernst Walter Voswinkel

Wegweisung

(EG 395)

Noch ein paar Tage! Dann wie ein Knall: Urlaub bricht aus. Die Stallwachen im Amt lehnen sich zurück. Meine Kalenderseiten – sonst übervoll – gähnen mich an. Im Stau geht NRW auf Abenteuer. Nach Norden! Nach Süden! Mit dem Shellatlas auf den Knien. Oder geleitet von der Automatenstimme aus dem „off"! Am Terminal der Flughäfen in der Schlange, das Ticket in der Hand. Alle gespannt! Alle aufgeregt. „Mama, wann sind wir da?" Aus dem Grau unserer Alltage auf die „neuen Wege" der Urlaubsabenteuer. Gespannt auf morgen und eine Zukunft, von der keiner weiß –, auf ein paar Tage.

Als die Finanzlage eng wird, verordnet sich die EKvW neue Abenteuerreisen. Nicht nur für den Urlaub. Nein, für die kommenden Jahre: „Kirche mit Zukunft!"

Das Lied zum Programm heißt: „*Vertraut den neuen Wegen …*" Das dichtet Klaus Peter Hertzsch 1989. Sie singen es kurz vor der Wende in Ostdeutschland. Dabei laufen ihnen die Tränen übers Gesicht. Das Vertrauen hat sich gelohnt. Die Wende ist gekommen. Längst ist alles schon gestern.

Ich gehe ins Internet. Ich gebe ein: „Vertraut den neuen Wegen …" – in der Suchmaschine. Schwupps! – Seite auf Seite, Nennung auf Nennung. Wer sich da alles angehängt hat! Nicht nur Kirche. Nein, Industriekultur, Werbefirmen, Institute, Fachrichtungen der Wissenschaft. Ein paar hundert Nennungen. Über 90 % derer, die uns auffordern, den „neuen Wegen" zu trauen, meinen in Wahrheit ihr „Leitbild", ihr neues Programm. Dabei übersehen sie den zweiten Teil des Satzes:

Vertraut den neuen Wegen, auf die der HERR *uns weist.*

„Diese Tagesstätte der evangelischen Kirchengemeinde geht vom christlichen Menschenbild aus. Wir wollen den Kindern und ihren Familien die Liebe Gottes vermitteln, die für jeden Menschen gilt!"

Das „christliche Menschenbild" ist von christlichen Menschen gemacht. Logisch, dass diese Menschen auch die Liebe Gottes vermitteln. Hat der HERR sie auf so einen Weg gewiesen? Sie sind nicht besser als die Urlauber, nicht weiser als Wissenschaftsinstitute und Werbefirmen. Sie machen alles selbst.

JOHANNES SCHMID · JOHAN CORT DAVB · JOHANARNTSONNENBORN · SIMO
TKNEBEL · FRANZARENTSPIS · PETERKNEBEL · FELTESSCMIT · JOHANN EBE
ICH WIL NVN PREISEN DES HERREN
WERCK AVS DER HEILIGN SCHRIFT
SEINE WERCK VERKVNDIGEN WIE ICHS
GELESSEN HABE · SIRACH AM · 48 CAPITEL
BAVMEISTER MEISTER · MANNES RITESSEL
ANNO 1703 DEN · 13 · MERTZ ·

Der neue Weg der Reformation ist das nicht. Luther staunt. Calvin schüttelt den Kopf. Sogar die Katholiken, die sich mit den Lutheranern auf eine Auslegung der Rechtfertigungslehre geeinigt haben, bestaunen solche Protestanten.

Die „Volkshochschulkirche“ geht auf „neue Wege“. Mein Weg ist das nicht. Und der HERR?

Lied EG 395, 1

Vertraut den neuen Wegen, auf die der Herr uns weist,
weil Leben heißt: sich regen, weil Leben wandern heißt.
Seit leuchtend Gottes Bogen am hohen Himmel stand,
sind Menschen ausgezogen in das gelobte Land.

Die Fluten sinken. Trockenes Land ist neues Land. Noahs Arche strandet. Er dankt dem Herrn in Opfer und Gebet. Gott setzt einen Regenbogen in die Wolken. Das ist die Garantie: Ab jetzt sollt ihr alle in Gut und Böse wissen: Was mich, Gott, angeht, diese Erde wird für euch da sein. Es wird nie mehr aufhören Saat und Ernte, Sommer und Winter, Tag und Nacht! (1. Mose 8,27). Mit der Garantieerklärung Gottes geht Noah los und sucht sich neue Wege in neues Land.

Der alte Abraham sitzt in seinem Dorf. Der Familienclan packt. Die Nachbarn tuscheln: „Der alte Sack will mit allen losgehen und anderswo noch mal neu anfangen. Der spinnt!“ Abraham packt nicht für den Urlaub. Er lässt alles hinter sich. Er geht los und weiß nicht, wohin. Kein Hotel wartet auf ihn. Das ist keine Pauschalreise.

Geh aus deinem Vaterland und von deiner Verwandtschaft und aus deines Vaters Hause in ein Land, das ich dir zeigen will … Ich will segnen, die dich segnen, und verfluchen, die dich verfluchen; und in dir sollen gesegnet werden alle Geschlechter auf Erden.
(1. Mose 12,1+3)

Durch den Glauben wurde Abraham gehorsam, als er berufen wurde, in ein Land zu ziehen, das er erben sollte; und er zog aus und wusste nicht, wo er hinkäme.
(Hebräer 11,8)

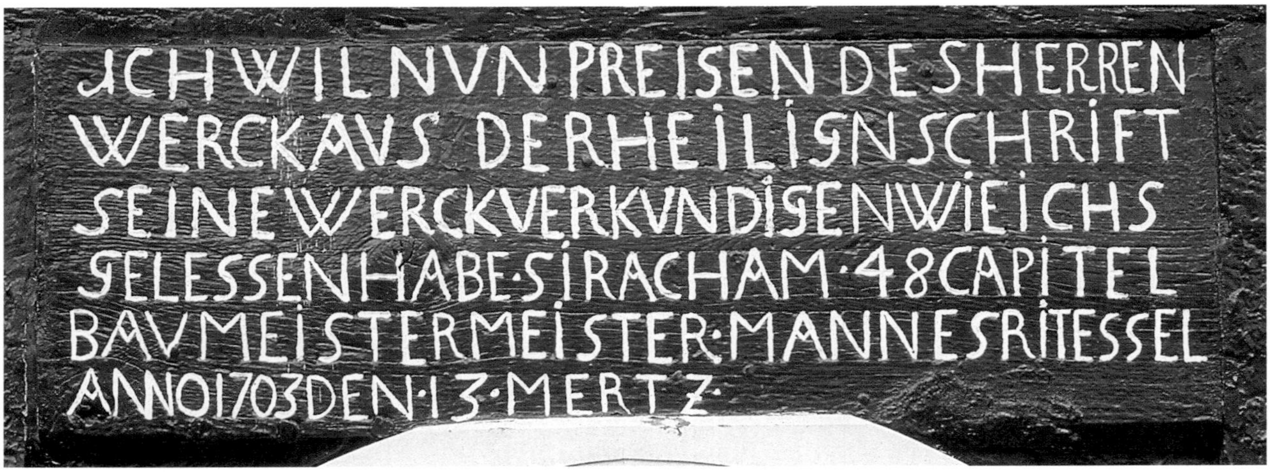

Wer anklopft, dem wird aufgetan

Das sagen wir: Ist Abraham durch Werke gerecht, so kann er sich wohl rühmen, aber nicht vor Gott. Abraham hat Gott geglaubt und das ist ihm zur Gerechtigkeit gerechnet worden. (Römer 4,2+3)

Das also ist der Kern unseres Glaubens: „Wege, auf die der HERR uns weist!“ Wir haben Vertrauen in Gottes Weg mit uns. Das lernen wir von Jesus: „Dein Wille geschehe!“ Es steht geschrieben: Wer Abraham verflucht, den verflucht Gott! Gott liebt alle Menschen. Ja. Er verflucht aber die, die sich von ihm die Wege nicht schenken lassen – wie Abraham.

Vertraut den neuen Wegen, die im Atlas der Gnade Gottes verzeichnet sind –, dann werdet ihr Zukunft haben. Im Beruf. Im Urlaub. Überall!

Lied EG 395, 2

Vertraut den neuen Wegen und wandert in die Zeit!
Gott will, dass ihr ein Segen für seine Erde seid.
Der uns in frühen Zeiten das Leben eingehaucht,
der wird uns dahin leiten, wo er uns will und braucht.

Als Abraham in das Land kommt, da trifft er gelegentlich Gott. Der kommt ihm entgegen. Der verrückte Alte mit seinem verrückten Gott legt den Grundstein für das Abenteuer des Lebens in den drei Offenbarungsreligionen: Gottvertrauen!

Wer auf Gott vertraut

Paulus beruft sich auf Abraham: Losgehen und nur wissen: Gott wartet auf mich! Das ist genug! Losgehen und nur wissen: Auf meinem neuen Weg geht Christus neben mir wie bei den Emmausjüngern. Der Weg ist nicht das Ziel der Reise, *das Ziel ist mit uns auf dem Weg!* Das ist mehr als „christliches Menschenbild", mehr als Volkshochschule. Das allein ist unser Glaube. Das ist mehr als „Wertschätzung von Mitarbeitenden", mehr als das „Gespräch auf Augenhöhe". Das alles ist gut und richtig, aber Menschensache.

Gesegnet ist, dessen Weg Gottes Weg ist. Dieser Weg führt ins Leben, in ein helles und weites, schönes Land –, vom Tod immerzu ins Leben. Der jüngste Bursche seiner Zeit, das war der alte Abraham. Macht es wie er, werdet jung!

Vor dem Urlaub nehmen wir uns kurz Zeit – zum Beten! Damit uns der HERR den Weg weist – immer! „Wer anklopft, dem wird aufgetan." Das ist mein Leitbild. Das ist genug.

Lied EG 395, 3

Vertraut den neuen Wegen, auf die uns Gott gesandt!
Er selbst kommt uns entgegen. Die Zukunft ist sein Land.
Wer aufbricht, der kann hoffen in Zeit und Ewigkeit.
Die Tore stehen offen. Das Land ist hell und weit.

Manfred Sorg, Präses der Evangelischen Kirche von Westfalen

25. Oktober 1938	Geboren in Darmstadt
1958 – 1963	Theologiestudium in Wuppertal, Mainz und Münster
1965	Zweites Theologisches Examen
1965 – 1966	Sekretär des Katechetischen Ausschusses der EKvW
1966 – 1989	Nebenamtlicher Religionslehrer am Gymnasium Waldstraße in Hattingen
1967 – 1972	Pfarrer in Hattingen
1972 – 1987	Dozent am Pädagogischen Institut der EKvW in Schwerte-Villigst und weitere Mitarbeit in der Johannes-Kirchengemeinde Hattingen
1988 – 1996	Direktor des Pädagogischen Instituts der EKvW
1993 – 1995	Vorsitzender der Arbeitsgemeinschaft der Leiterinnen und Leiter der Pädagogischen Institute und Katechetischen Ämter (ALPIKA)
seit 1996	Präses der Evangelischen Kirche von Westfalen

Amtseinführung von Präses Manfred Sorg am 29. Februar 1996 in der Altstädter Nicolaikirche Bielefeld

Weitere Funktionen (u. a.) und zentrale Themen während der Amtszeit des Präses:

	Vorsitzender des Evangelischen Presseverbandes Westfalen-Lippe
	Mitglied im Initiativkreis Ruhrgebiet
	Mitglied im Kuratorium Verein „Pro Ruhrgebiet"
1997	Gründung des Forensik-Arbeitskreises „Sicherheit durch Therapie" 1998 Veröffentlichung der entsprechenden Stellungnahme
	Gründungsmitglied „Bündnis für Toleranz und Zivilcourage"
	Mitgliedschaft im Beirat des Kompetenznetzwerkes Stammzellforschung NRW
Landessynode 1997	Beratungsprozess in der EKvW zur Jugendarbeit und zu den Lebenswelten von Jugendlichen und Kindern Hauptvorlage „Ohne uns sieht eure Kirche alt aus"
1998	1. Westfälischer Kirchentag in Unna
Landessynode 1999	Positionierung im Christlich-Jüdischen Dialog Hauptvorlage „Gott hat sein Volk nicht verstoßen"
Frühjahr 2000	Vorstellung des Reformprozesses der EKvW „Kirche mit Zukunft" Anschließend Stellungnahmeverfahren in der EKvW
seit 2000	Ratsvorsitzender der EKU
März 2001	Erstmals „Tag der PresbyterInnen"
seit Juni 2002	Transformation in UEK (Union Evangelischer Kirchen)
26. Februar 2003	Vertragsunterzeichnung im Berliner Dom zur Bildung der UEK

Wichtige ökumenische Reisen:

1998	Namibia/Südafrika
1998 und 2000	Polen
1999	Indonesien, USA
2000	Israel, Weißrussland, Ungarn
2002 und 2003	Italien

Manfred Sorg ist verheiratet und hat drei erwachsene Kinder.

Autorinnen und Autoren aus der Evangelischen Kirche von Westfalen

Günther Barenhoff
Vorsitzender des Vorstandes des Diakonischen Werks

Maria Barutzky-Jürgens
Landeskirchenrätin

Christoph Berthold
Superintendent des Kirchenkreises Paderborn

Dr. hc. Henry G. Brandt
Landesrabbiner

Regine Burg
Superintendentin des Kirchenkreises Bielefeld

Peter Burkowski
Superintendent des Kirchenkreises Recklinghausen

Alfred Buß
Superintendent des Kirchenkreises Unna

Udo Bußmann
Leiter des Amtes für Jugendarbeit

Doris Damke
Oberkirchenrätin

Klaus-Jürgen Diehl
Leiter des Amtes für Missionarische Dienste

Dr. Rainer Dinger
Landeskirchenrat

Prof. Dr. Günter Ebbrecht
Leiter des Instituts für Kirche und Gesellschaft

Friedrich-Wilhelm Feldmann
Superintendent i. R. des Kirchenkreises Lübbecke

Dorothee Franke-Herber
Superintendentin des Kirchenkreises Gelsenkirchen und Wattenscheid

Dr. Peter Friedrich
Oberkirchenrat

Albert Henz
Superintendent des Kirchenkreises Iserlohn

Dr. Hans-Detlef Hoffmann
Vizepräsident der Evangelischen Kirche von Westfalen

Gerd Kerl
Leiter des Instituts für Aus-, Fort- und Weiterbildung

Rolf Krebs
Superintendent des Kirchenkreises Steinfurt-Coesfeld-Borken

Annette Kurschus
Assessorin des Kirchenkreises Siegen

Lothar Kuschnik
Superintendent des Kirchenkreises Arnsberg

Prof. Dr. Hans-Martin Lübking
Leiter des Pädagogischen Instituts

Klaus Majoress
Superintendent des Kirchenkreises Lüdenscheid-Plettenberg

Dr. Ulrich Möller
Oberkirchenrat

Karin Moskon-Raschick
Landeskirchenrätin

Klaus-Bernhard Philipps
Superintendent i. R. des Kirchenkreises Dortmund-Süd

Wolfgang Riewe
Geschäftsführender Direktor des Ev. Presseverbandes für Westfalen und Lippe e.V.

Christel Schibilsky
Landeskirchenrätin

Christiane Seibel
Schulleiterin des Söderblom-Gymnasiums Espelkamp

Fred Sobiech
Superintendent des Kirchenkreises Bochum

Ernst Walter Voswinkel
Superintendent des Kirchenkreises Hattingen-Witten

Dr. Christof Windhorst
Superintendent des Kirchenkreises Vlotho

Friedhelm Wixforth
Landeskirchenrat

Bildnachweis

Born, Edgar Ludwig: S. 72, 77
Burkowski, Peter: S. 104, 105
Dickel, Hanspeter: S. 123, 126
Elbracht, Reinhard: S. 12, 15, 20, 69 – 71, 85, 118, 119, 121, 129 – 131, 156, 168, 170, 171
Evangelisch-Lutherische Domgemeinde Güstrow: S. 43, 44
Fernkorn, Bertold: S. 8, 29, 30, 32 – 35, 38, 53, 54, 56, 57, 60, 63, 67, 68, 79, 82, 87 – 89, 93, 95, 97, 98, 100 – 102, 106 – 109, 112, 115, 133 – 135, 139, 141, 144, 145, 148, 150, 153, 154, 159, 160, 162, 165
Molo, Kakule: S. 24
Reuter, Klaus: S. 25

Gedichte und Liedtexte

Die Gedichte auf den Seiten 76 und 77 sind entnommen:
Rose Ausländer, „Der Dichter“ und „Dennoch Rosen/sommerhoch/…“ Aus: dies., Und preise die kühlende Liebe der Luft. Gedichte 1983–1987. © S. Fischer Verlag GmbH, Frankfurt am Main 1988.
Rose Ausländer, „Am Ende der Zeit“. Aus: dies., Hügel aus Äther unwiderruflich. Gedichte und Prosa 1966–1975. © S. Fischer Verlag GmbH, Frankfurt am Main 1984.

Der Text des Liedes EG 395 wurde von Klaus Peter Hertzsch, geb. 1930 in Eisenach, 1957 Studentenpfarrer in Jena, dort 1969 Dozent, danach Professor für Praktische Theologie, 1989 gedichtet.

A

1. Ver - traut den neu - en We - gen, auf die der Herr uns weist

leuch-tend Got - tes Bo - gen am ho - hen Him - mel stand, sind Men-sc

B

2. Ver - traut den neu - en We - gen, und wan - dert in die Zeit!
3. Ver - traut den neu - en We - gen, auf die uns Gott ge - sand

uns in frü - hen Zei - ten das Le-ben ein - ge - haucht, der wird u
auf-bricht, der kann hof - fen in Zeit und E - wig - keit. Die To - r